JOEL EDWARDS

Unwiderstehlich

Joel Edwards

Unwiderstehlich

Kirche, die Jesus verkörpert

n
NEUFELD VERLAG

Aus dem Englischen von Julian Müller, Berlin

Originally published in the U. S A. under the title:
An Agenda For Change: A Global Call
for Spiritual & Social Transformation

Translated by Julian Müller
Published by permission of Zondervan, Grand Rapids, Michigan, U. S. A.
www.zondervan.com

FSC
Mix
Produktgruppe aus vorbildlich bewirtschafteten Wäldern und Recyclingholz oder -fasern
Zert.-Nr. SGS-COC-003091
www.fsc.org
© 1996 Forest Stewardship Council

Die Deutsche Bibliothek verzeichnet diese Publikation in der Deutschen Nationalbibliografie; detaillierte bibliografische Daten sind im Internet über www.ddb.de abrufbar

Umschlaggestaltung: spoon design, Olaf Johannson
Umschlagbilder: © ShutterStock®
Satz: Neufeld Verlag, Schwarzenfeld
Herstellung: Bercker Graphischer Betrieb GmbH & Co. KG, Kevelaer

ISBN 978-3-86256-004-2, Bestell-Nummer 588 762

www.neufeld-verlag.de

NEUFELD VERLAG

Inhalt

Danksagung

Alles begann mit einem Selbstgespräch am Pool während eines Urlaubs im Jahr 2004.

Ich hatte die vergangenen zehn Jahre immer wieder darüber nachgedacht, was es bedeutet, an der Spitze einer evangelikalen Bewegung zu stehen. Welche Aufgaben und Vorrechte brachte das mit sich? Mir fielen drei große Bereiche ein: Ich hatte einen glaubwürdigen Jesus Christus zu verkündigen. Meine Mitgläubigen hatte ich daran zu erinnern, dass Christen per Definition Optimisten sind, deren Aufgabe es ist, das geistliche und soziale Geflecht einer Gesellschaft zu verbessern. Und auch Nichtchristen sollten Gelegenheit bekommen, sich davon überzeugen zu lassen.

Selbstgespräche in der Öffentlichkeit tragen bekanntermaßen nicht zur eigenen Glaubhaftigkeit bei. Daher bin ich allen Kollegen der britischen Evangelischen Allianz dankbar, dass sie einen Dialog daraus gemacht und unsere gemeinsamen Gedanken in ein »Mission Statement« gefasst haben. Darüber hinaus haben über den ganzen Erdball verstreut noch viele Andere wertvolle Perspektiven und Beiträge in die Diskussion eingebracht. Von ihnen bin ich besonders Geoff Tunnicliffe, dem internationalen Direktor der Weltweiten Evangelischen Allianz, zu Dank verpflichtet. Seine Leidenschaft für genau diese Ziele hat meine Überlegungen immer wieder neu angefacht.

Ein Manuskript zu schreiben ist eine Sache. Es bis zu dem zu bringen, was Sie in den Händen halten, eine ganz andere. Ich danke daher besonders Mike Morris, Helen Calder und dem tollen Team bei Zondervan. Ihre Unterstützung und kontinuierliche Ermutigung waren für mich von unermesslichem Wert. Weil sie von diesem Buch überzeugt waren, habe ich es sogar noch einmal gelesen, als es fertig war! Ich hoffe sehr, dass der Inhalt dieser Seiten etwas bewirkt, das über die bloße Lektüre hinausgeht.

Zu guter Letzt gilt mein besonderer Dank denen, die mir die anstrengende und wichtige Kleinarbeit abgenommen haben. Ich stehe bei Vikki McLachlan, meiner Assistentin, tief in der Schuld für ihren Einsatz und ihr Engagement. Ihre Arbeit lässt mich oft besser da stehen, als ich eigentlich bin. Wärmstens danken möchte ich außerdem Ian Wedd, dessen Schreibtalent und Unterstützung unbezahlbar sind.

Falls die evangelikale Christenheit aus diesem Buch wirklich Nutzen zieht, sollte ich öfter in Urlaub fahren, denke ich.

Joel Edwards, im August 2007

Vorwort
Die Erde ist des Herrn ...

Er schlug die Zeitung auf. Wie jeden Morgen. Neue Erkenntnisse über die drohende Klimakatastrophe. Ein Tankerunglück in der Nordsee. Eine neue Serie von Selbstmordattentaten im Irak. Als sein Blick ins kleine Losungsheft fiel. Dort las er: *»Die Erde ist des Herrn und was darinnen ist, der Erdkreis und die darauf wohnen.«* Psalm 24, Vers 1.

Sie machte sich fertig für die Schule. Sechs Stunden Mathematik und Physik. Lauter unangenehme Klassen. Nur wenige, die an ihrem Stoff wirklich interessiert waren. Am liebsten hätte sie sich krank gemeldet. Sie zitterte ein bisschen, wenn sie an ihre Schülerinnen und Schüler dachte. Als ihr Blick in das kleine Losungsheft fiel und sie las: *»Die Erde ist des Herrn und was darinnen ist, der Erdkreis und die darauf wohnen.«*

Sie hatten sich auf diesen Tag gefreut. Endlich Urlaub. Endlich frei. Endlich im Flieger. »Schau mal aus dem Fenster«, sagte er zu ihr, als sie über die Alpen flogen. »Traumhaft!« Als ihr der Vers einfiel, den sie am Morgen noch in ihrer Bibel gelesen hatte: *»Die Erde ist des Herrn und was darinnen ist, der Erdkreis und die darauf wohnen.«*

Die Erde ist des Herrn und alles, was auf dieser Erde wächst und blüht und gedeiht. Wunderbare Schöpfung. Wunderbare Geschöpfe. Uns Menschen zur sorgsamen Verwaltung anvertraut. Zum Hegen und Pflegen. Wer die Schöpfung ausbeutet, missachtet den Schöpfer. Wer die Erde mit Füßen tritt, beleidigt Gott. Wer die Menschen knechtet, versündigt sich an ihrem Herrn.

Die Erde gehört Gott. Und alle Menschen. Die nahen und die fernen. Die, die mich brauchen und die, die ich brauche. Wie gut, dass nicht wir die Besitzer sind! Wie entlastend! Und wie verpflichtend! Alles ist anvertraut. Alles ist geliehen.

Robert Lembke hat einmal gesagt: »Ein Optimist ist einer, der Bücher verleiht.« Ist Gott Optimist? Weil er eben auch nicht damit gerechnet hat, das, was er verliehen hat, nicht zurück zu bekommen? Ich weiß nicht. Auf jeden Fall aber ist Gott einer, der seinen Menschen viel zutraut. Immer wieder. Uns. Mir. Darum will ich mit neuen Augen die Zeitung lesen und sagen: *»Die Erde ist des Herrn und was darinnen ist.«* Darum will ich meinen scheinbaren Besitz neu anschauen und sagen: *»Die Erde ist des Herrn und was darinnen ist.«* Darum will ich neu über die Schöpfung staunen und sagen: *»Die Erde ist des Herrn und was darinnen ist.«* Darum will ich die Menschen, denen ich heute begegne, mit dem Blick von Jesus in den Blick nehmen und sagen: *»Die Erde ist des Herrn und was darinnen ist.«* Und ich will Danke sagen. Und: Was kann ich für deine Welt und für deine Menschen heute tun? Mit Wort und Tat.

Das vorliegende Buch von Joel Edwards ist ein Augenöffner. Ein Gedankenöffner. Ein Herzensöffner. Und vielleicht sogar ein Portemonnaieöffner. Dabei ist es ein durch und durch evangelikales Buch. Und wird allein schon deshalb den einen oder anderen Leser überraschen. Aber nur auf den ersten Blick. Auf den zweiten ist es nur folgerichtig: Wer Gottes ganzheitliche Liebe glaubt und bekennt, wird sie selbst im persönlichen und weltweiten Kontext konsequent zu leben versuchen. Weltverantwortung gehört darum von Anfang an zum Wesen der pietistischen evangelikalen Frömmigkeit. »Suppe, Seife, Seelenheil« etwa war und ist das geradezu sprichwörtliche Motto der Heilsarmee. Vielleicht ist dieser Aspekt in den vergangenen Jahrzehnten in den Hintergrund getreten. Oder in den Hintergrund gedrängt worden. Dann wird es Zeit, ihn neu auf die Agenda zu setzen. Die »Micha-Initiative« ist dafür ein wichtiges Signal. Denn: *»Die Erde ist des Herrn und was darinnen ist.«*

Jürgen Werth
Vorstandsvorsitzender von ERF Medien und
Vorsitzender der Deutschen Evangelischen Allianz

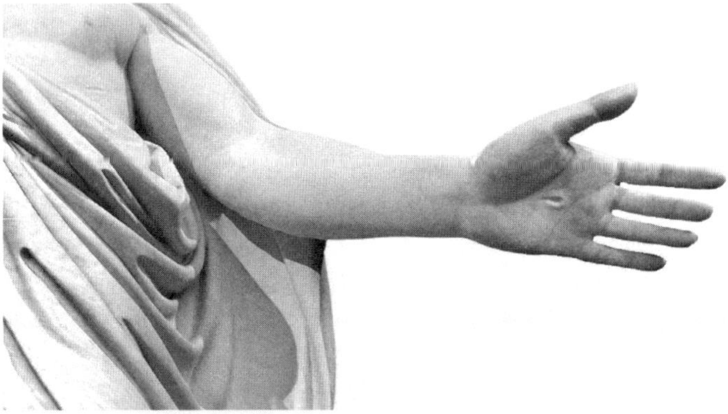

Einleitung

Eine Kraft, die verändert – oder nur Hintergrundrauschen?

Kürzlich schaute ich mir die letzte Folge der amerikanischen Polit-Serie *Im Zentrum der Macht* an. Sie endet damit, dass der voraussichtliche Präsidentschaftskandidat der Demokraten eine flammende Rede vor den Delegierten des Parteitags hält. Er appelliert an seine Parteigenossen, den Kandidaten aufzustellen, der die entscheidenden Werte der Partei am besten verkörpert. Die Rede war gut geschrieben und fesselnd vorgetragen; ich habe vier Mal zurückgespult. In der Folge schauten aber nicht nur die Parteigenossen zu. Alle am Wettkampf um die Macht Beteiligten waren zugeschaltet – auch die Opposition.

So ist es mit den meisten politischen Reden heutzutage: Sie sind an die breite Öffentlichkeit gerichtet. Enthusiasten und Skeptiker zugleich sollen die Argumente hören.

Genauso verhält es sich mit diesem Buch. Die primäre Leserschaft für meine Gedanken, sozusagen meine »Parteigenossen«, sind die Mitglieder der wachsenden weltweiten evangelikalen Gemeinde. Zugleich hoffe ich aber, dass darüber hinaus Christen diese Zeilen in die Hände bekommen, die überall sonst an Gottes großem Plan für diese Welt beteiligt sind. Sein Reich soll von uns allen gebaut werden – nicht aus der Defensive heraus, sondern als Boten einer Guten Nachricht, die Menschen verändert.

Wer wie ich in der westlichen Welt lebt, dem wird es wohl inzwischen schwer fallen, uns Christen als verändernde Kraft in der Gesellschaft wahrzunehmen. Und das aus gutem Grund. Der christliche Glaube hat seinen Einfluss auf das politische Geschehen in Europa und zum Teil in den Vereinigten Staaten fast völlig eingebüßt. Die christlichen Werte, die einst den Westen erobert haben, verfallen zusehends. Dass Gesetze aus Brüssel, Berlin oder dem Weißen Haus auf christlichen Prinzipien basieren, kann man längst nicht mehr voraussetzen. Europa gilt als »Kontinent auf der Suche nach seiner Seele.«[1] Großbritannien windet sich dermaßen in kulturellen Zuckungen, als würde es an geistlicher Schizophrenie leiden. Ich beschreibe diesen Zustand immer so: Großbritannien ist wie ein Mann mit einem »I love Jane«-Tattoo. Das Problem ist nur: Jane hat ihn schon vor dreißig Jahren verlassen. Wohin aber mit dem Tattoo? Cormac Kardinal Murphy-O'Connor, der emeritierte Erzbischof von Westminster, hat es so formuliert: Das Christentum ist in der britischen Kultur nur noch ein diffuses Hintergrundgeräusch.[2]

Was dazu kommt, ist der rapide sinkende Kirchenbesuch. Zur Jahrtausendwende vor der versammelten Presse verkünden zu müssen, dass in den vergangenen zwanzig Jahren in Großbritannien mehr als 2,8 Millionen der Kirche den Rücken gekehrt haben, war sicher kein erhebendes Gefühl.[3] Genauso wenig ermutigend sieht die Zukunft aus: Nur noch sechs Prozent der jungen Generation von heute haben eine lebendige Verbindung zur christlichen Kirche. Wer von uns in den Vereinigten Staaten, Europa oder Neuseeland (dem vielleicht säkularsten Land der Erde) wohnt, kann dieser düsteren Statistik sicher noch die eine oder andere Zahl hinzufügen.

Es gibt aber auch gute Nachrichten. Zum Glück ist Gott nicht auf Europa oder Nordamerika beschränkt! Ehrfürchtig – oder von heiligem Neid erfüllt? – blicken wir auf Afrika, Asien,

Lateinamerika und auch Teile von Osteuropa, wo das Kirchenwachstum geradezu explodiert. Gottes Wirken anderswo kann uns auch für unseren westlichen Kontext Mut machen.

Außerdem ist Gott längst auch hier aktiv geworden. Alteingesessene Religionen und junge Glaubensbewegungen erleben strukturelle Veränderungen. Visionen und Berufungen werden überarbeitet. Vermeintlich heilige Kühe sind vor den Altar der Modernisierung gezerrt worden. Wir Christen aus den Industrienationen setzen all unsere Kräfte ein, um die Gute Nachricht in unserer Gesellschaft sicht- und hörbar zu machen: mit neuartigen Glaubenszeugnissen, neuen Gemeinden und mutigen Experimenten in der Missionsarbeit. Auch die langwierigen Diskussionen über Vergebung und Sühne sind Teil dieses Prozesses. Manchmal überkommt uns dabei qualvolle Ungewissheit, aber wir müssen uns der Zukunft stellen.

Lassen Sie es mich drastisch formulieren: Wenn die Kirche oder religiöse Organisation, der Sie angehören, in dieser Phase der Gärung bisher keine großen Veränderungen erlebt hat, dann könnte das daran liegen, dass bei Ihnen Schwung und Stoßkraft bereits einem schleichenden Tod gewichen sind.

Wir stehen vor einem gewaltigen Aufgebot von Herausforderungen. Wo sollen wir anfangen?

Zu allererst ist es höchste Zeit, dass wir uns eine Tatsache wieder vor Augen führen: Das Fundament der Kirche ist Christus.[4] Nur auf diesem Grund ist der christliche Glaube beständig und tragfähig. Die Zukunft hängt also nicht an der Qualität unserer Beziehung zur Postmoderne, sondern an der Qualität unserer Beziehung zu Jesus Christus. Wir werden erst dann einen positiven Einfluss auf unser Land ausüben können, wenn wir vorher durch den Heiligen Geist verändert und erfüllt worden sind. Er ist die treibende Kraft hinter jeder Veränderung.

Außerdem sollten wir uns wie die Männer vom Stamm Issachar verhalten, die »wussten, was in Israel zu tun war, und auch den richtigen Zeitpunkt dafür einschätzen konnten.«[5] Die deutschen Kampfpiloten, die im Zweiten Weltkrieg an der Luftschlacht über Südengland beteiligt waren, waren extrem gewandt und sehr mutig. Dass sie trotzdem den Luftkampf verloren haben, liegt nach der Meinung von Historikern daran, dass sie mit den Radarinstrumenten im Cockpit nichts anzufangen wussten! Wir brauchen eine Spiritualität, für die Intelligenz kein Fremdwort ist. Das Einsatzgebiet zu kennen, in dem wir dienen sollen, ist absolut notwendig. Einen guten Pfarrer zu haben, der vor einer großen Gemeinde steht und dessen herzerwärmende Worte die Menschen von selbst aus der sozialen Kälte herbeilocken, das genügt einfach nicht mehr. Die westlichen Nationen haben längst ihren christlichen Anstand abgelegt. Was uns als Kirche attraktiv macht, ist nicht mehr das Redetalent auf der Kanzel. Es ist der Grad, mit dem wir unsere Mitglieder fördern und befähigen, der gesellschaftlichen Dunkelheit entgegenzutreten. Sie sind der Katalysator, der unsere Welt zum Besseren verändern wird.

Als Drittes sollten wir uns mit der richtigen Ausrüstung versehen. Im Wüstensand Winterdecken verteilen zu wollen, wird zu einer herben Enttäuschung führen. In unseren Predigten, Strategien und Denkweisen nach wie vor davon auszugehen, dass Europa ein aktives oder zumindest nominell christliches Terrain ist, wird sich in der Zukunft als echter Hemmschuh erweisen. Um unserer Arbeit Dynamik und Effektivität zu verleihen, muss folgendes unser Ausgangspunkt sein: Die institutionellen Strukturen in unserem Land mögen noch auf einer gewissen Gottesfürchtigkeit beruhen – die Menschen gewähren Gott jedoch längst keine Autorität mehr über ihr Leben.[6]

Als ich mich entschlossen hatte, *Unwiderstehlich* zu schreiben, nahm ich Kontakt zu verschiedenen Größen in der christlichen Welt auf. Ich durfte im Gespräch ihre persönliche Weisheit, Wissen und Erfahrung anzapfen. Ein Hinweis wurde dabei für mich zum Schlüssel: Es tat gut zu hören, dass kein Bedarf für eine umfassende akademische Abhandlung zu diesem Thema besteht. Dazu gibt es längst genug Material. Was zwischen diesen Buchdeckeln steht, soll etwas anderes sein: eine Anregung zum Gespräch. Ich möchte uns an einige Wahrheiten erinnern, die wir eigentlich längst wissen. Und dazwischen ein paar provokative neue Ideen streuen. Im September 2005 widmete die britische Evangelische Allianz diesen Fragen eine ganze Klausurtagung. Während sie vorgaben, es nicht zu merken, durfte ich die Beratungen für mein Manuskript ausspionieren. Für die wertvollen Einsichten bin ich ihnen zu tiefem Dank verpflichtet.

Um mein Ergebnis vorwegzunehmen: Die Botschaft der Bibel darf im einundzwanzigsten Jahrhundert nicht auf Zehenspitzen herumschleichen. Sie soll die Gesellschaft verändern! Eins unserer Ziele muss daher sein: Jesus Christus glaubwürdig zu präsentieren. Für uns als evangelikale Christen bedeutet das vor allem, wieder zu begreifen, dass unsere Existenz eine Gute Nachricht für die Welt ist. Unsere Aufgabenstellung lautet: Mit welcher langfristigen Vision erreichen wir in unserem Land den geistlichen und sozialen Wandel zum Guten?

Die drei Teile dieses Buches können als eigenständige Diskussionsgrundlage dienen. Das Buch ist aber auch im Ganzen als Gesprächsanregung gedacht. Mein Wunsch ist es, dass daraus am Ende etwas Konkretes erwächst: eine Agenda für Veränderung!

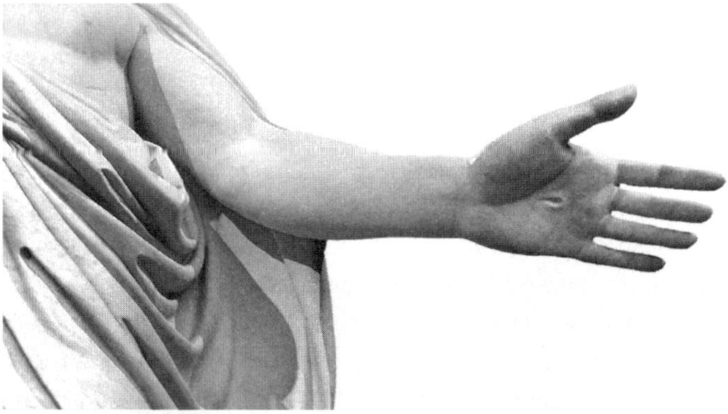

Teil 1

Christus dem 21. Jahrhundert glaubwürdig präsentieren

»Für wen halten mich die Leute eigentlich?«
Matthäus 16,13

Zweitausend Jahre lang haben wir Christen nun von unserem Herrn geredet. Wir haben zig Tausend Bücher über ihn verfasst, eine Milliarde Predigten gehalten und unzählige Seminare bevölkert. Das Unglaubliche ist, dass trotzdem noch immer die überwältigende Mehrheit der Christenheit eine völlig falsche Vorstellung davon hat, wer dieser Christus ist. Wie kann das sein? Unter anderem gibt es wohl zwei Gründe dafür: Mangelhafte Kommunikation, und mangelhafte Bibelkenntnis. Wir werden uns später noch genauer damit beschäftigen. Es wird höchste Zeit, dass die Bibel in unseren Gemeinden ihren Requisitenstatus verliert.

Die Unkenntnis innerhalb der Kirche bedeutet natürlich unweigerlich, dass die Menschen »in der Welt« auch keine Ahnung haben, wer Jesus wirklich ist. Wir haben ihnen, wenn es hoch kommt, einen Teil-Jesus vorgesetzt. Unsere ganze Aufmerksamkeit in der Gemeinde gilt dem Gespräch miteinander und übereinander, und am Ende des Tages bleibt unser Umfeld auf seinem stark vereinfachten Jesusbild sitzen.

Das, was unsere Nachbarn vom christlichen Glauben wissen, haben sie entweder aus dem Fernsehen, das Christen stets als Witzfiguren zeigt. Oder sie haben unsere absolutistischen Einstellungen kennen gelernt, die schwammigen Überzeugungen, die Checklisten zur Erlösung, die seltenen Anfälle von kultureller Bedeutung. Für den, der regelmäßig in die Kirche geht, besteht immerhin ab und zu Hoffnung, den ganzen Christus durchscheinen zu sehen. Wer den Gang zur Kirche scheut, hat schlechte Karten.

Für Jesus macht das die Sache nicht gerade leicht. Seine Glaubwürdigkeit steht und fällt mit unserem Ruf! Gott hat sich tatsächlich auf dieses Risiko eingelassen. Ein König ist ein König, aber, ohne ketzerisch klingen zu wollen: Im Krieg ist der König immer nur so gut wie seine Armee. Wenn ich Gott wäre, würde es mich viel mehr erzürnen, wie meine Nachfolger von mir reden, als was irgendein säkularer Journalist in seiner Zeitungskolumne schreibt.

Aber ich bin nicht Gott.

Christus ist allein schon deswegen glaubwürdig, weil Gott es gesagt hat.[7] Aber selbst wenn die christliche Gemeinde das glaubt und versteht: Wie soll die Welt von heute es erfahren? Das ist unsere große Aufgabe. Wenn wir uns mit Freude und Feuereifer dieser Aufgabe widmen, dann werden noch viel mehr Leute begreifen können, wie glaubhaft und vertrauenswürdig er schon immer war.

1

Wer kennt diesen Mann? Jesus Christus

Als Martin Scorseses *Die letzte Versuchung Christi* über die Kinoleinwände flimmerte, haben die meisten von uns die wesentliche Aussage verkannt. Gotteslästerung!, riefen wir entrüstet und meinten damit die Szenen, in denen Jesus auf das Kreuz verzichtete, mit Maria Magdalena schlief und ein normales Familienleben führte. War Jesus jedoch wirklich Mensch – und daran glauben wir –, dann sind Versuchungen dieser Art durchaus realistisch gewesen. Blasphemie steckte vielmehr in der Darstellung von Jesus als einem labilen Wunderheiler in einer Identitätskrise.

Wenn Jesus über eins Klarheit besaß, dann darüber, wer er war. Schon im zarten Alter von zwölf Jahren hatte er sich der Sache seines Vaters verschrieben.[8] Seine Identität war für ihn eine leidenschaftliche Triebfeder. Sie bedeutete ihm mehr als alle Wunder und Lehren. Aus ihr leitete er seinen einzigartigen Auftrag ab.

Die Evangelien berichten uns von einer kurzen Meinungsumfrage Jesu vor den Toren von Cäsarea Philippi. Weil sich hier griechische Mythologie, römische Religion und hebräische Legende überlagerten, gestaltete sich das Stimmungsbild dementsprechend vielfältig. Jesus hatte mit seiner Frage jedoch von vornherein auf Petrus' stürmisches Bekenntnis abgezielt: »Du bist Christus, des lebendigen Gottes Sohn!«[9] Hier hallte wider, was Johannes der Täufer zuvor verkündet[10] und Gott selbst bestätigt hatte.[11] Auch die Apostel sollten nicht müde werden, es zu wiederholen.[12]

Während bei Jesus Gewissheit über seine Identität herrschte, haben seine Nachfolger stets Probleme damit gehabt. Wer kann Christus schon bis ins Letzte ergründen – abgesehen von Gott selbst? Auch bei Petrus zeigte sich kurz nach seinem Bekenntnis, dass er nicht wirklich begriffen hatte, was es bedeutete, dass Jesus der Messias war.[13] Und wenn der Apostel dazu nicht imstande war, braucht es uns nicht zu wundern, dass auch der Rest der Menschheit sich seither schwer damit tut. Paulus, der produktivste aller Bibelschreiber, machte es sich daher zur Aufgabe, uns das Verständnis von Jesus zu erleichtern. Er widmete diesem Anliegen in seinen Briefen an die Urgemeinde mehr Raum als alle seine schreibenden Zeitgenossen.[14]

Die Christenheit ist seit ihrem Bestehen von einer Irrlehre und Splittergruppe in die nächste und von einem Konzil zum anderen gestolpert, um eine Erklärung zu finden, wie jemand zugleich wahrer Gott und wahrer Mensch sein konnte: schwach – und doch ohne Fehler! Sie musste sich Stück für Stück zu dem, was wir heute als das Apostolische Glaubensbekenntnis kennen, hindurchringen.

Dabei ist es unverzichtbar, Jesus wirklich zu kennen. Und das gilt nicht nur für Christen, sondern für die ganze Menschheit. Allein schon wegen seines weit reichenden Einflusses muss man ihn einfach ernst nehmen! Dass ein einzelner Mann den Nullpunkt des weltweiten Kalenders gesetzt hat, seit zweitausend Jahren das Denken und die Geschichte der Menschheit durchdringt und für ein ganzes Jahrtausend die Kulturen der bedeutendsten Nationen beeinflussen konnte, macht die Frage nach dem Geheimnis Jesu zu mehr als nur theologischer Grübelei.

Es hängt einiges daran, Jesus richtig zu begreifen. Vor allem, weil seine Nachfolger immer so viel in seinem Namen tun.

Bleibt seine Identität im Dunkeln, muss Jesus für Grausamkeiten wie Kreuzzüge, die Inquisition oder politische Grabenkämpfe eines religiösen Konservativismus' herhalten. Wird er jedoch als der verstanden, der er ist, motiviert er Menschen, die Gesellschaft zu verändern, gegen Sklaverei zu kämpfen und humanitäre Organisationen zu gründen. Dieser Jesus spielt im menschlichen Zusammenleben und seinen Problemen eine viel größere Rolle als der Erlöser im Elfenbeinturm oder die Galionsfigur aus der Kirchenpolitik.

Auch wenn die Verfechter des säkularen Weltbilds früher davon träumten, Jesus Christus wäre zur Jahrtausendwende längst in belanglosen Aberglauben abgedriftet, zeigt er sich nach wie vor erstaunlich widerstandsfähig und unverwüstlich. Seine Nachfolger wollen einfach nicht verschwinden und seine Worte nicht verblassen. Im zwanzigsten Jahrhundert wurde das Christentum in Albanien, Russland und China gesetzlich verboten und ist doch im einundzwanzigsten Jahrhundert mit neuer Kraft zurückgekehrt. Unermüdlich reden Menschen dort von Christus. Er ist kulturell flexibel, aber lässt sich nie von einer einzigen Kultur vereinnahmen. In Afrika, Lateinamerika, Osteuropa und auch Nordirland wenden sich seine Nachfolger mutig gegen den *Status quo*. Warum? Wenn man richtig hinhört, haben Jesu Aussagen stets etwas Revolutionäres an sich gehabt. Was er vorlebte und auch von den Menschen erwartete, war fast ungeheuerlich. Der Neutestamentler D. A. Carson formuliert das so: Das Evangelium »untergräbt und überwindet immer wieder neu kulturelle Schranken.«[15]

Jesu Ansprüche bergen weit reichende Konsequenzen: Wenn es stimmt, dass er der einzige Weg zum Vater ist, dann gilt das auch für andere Religionen. Wenn Gott uns wirklich nur durch Jesus Christus retten will[16], dann muss sich jeder Mensch dafür oder dagegen entscheiden. Ist Jesus real, dann versucht er zu jedem von uns Kontakt aufzunehmen. Und das lässt sich nur auf eine Art und Weise vermeiden: Man muss seinen Verstand mit dem Argument ruhig stellen, dass Jesus, der Sohn Gottes, nichts weiter ist als die Erfindung von ein paar Juden vor zweitausend Jahren, die noch heute als Illusion in den Köpfen von mehr als zwei Milliarden Menschen herumschwirrt.

Vor diesem ganzen Hintergrund haben sich Theologen mit der einfachen Frage von Jesus: »Was sagen die Leute, wer ich bin?«, herumgeschlagen. So erklärt sich auch, warum die Debatte über den *historischen Jesus* gegenüber einem *Christus des Glaubens* dermaßen ausgeufert ist. Anders ausgedrückt: Wissenschaftler fordern eine scharfe Trennung zwischen dem realen, historischen Jesus, der in den Evangelien vom Mythos verzerrt wird, und dem Gottessohn, den man nur durch den Glauben verstehen und greifbar machen kann.[17]

Obwohl wir als evangelikale Christen für unkonventionelle Darstellungen von Jesus wenig übrig haben, müssen wir uns zumindest eingestehen, dass die Frage nach seiner wahren Identität schwer zu beantworten ist. Die, die ihn als Elia, einen Propheten oder auch als Johannes den Täufer bezeichneten, lagen genauso falsch wie diejenigen, die ihn heute mit John Wesley, Dwight L. Moody oder Billy Graham auf eine Stufe stellen! Die Wahrheit ist: Niemand hat das letzte Wort zu Christus.

Trotz allem legen wir nicht verzweifelt die Hände in den Schoß. Wir suchen weiter. Und entdecken Jesus erneut und immer wieder. Wie sollen wir ihn sonst der Welt glaubwürdig verkünden? Seine wahre Identität zu verstehen ist die Grundlage für eine gesunde Kirche und eine effektive missionarische Existenz. So viele Autoren graben sich mit ein und demselben Wunsch durch die Trümmer der verwestlichten Kirche[18]: Sie wollen, dass auch in unserer Zeit die Botschaft von Christus eine Gute Nachricht ist. Also beleuchten sie die Worte Jesu vor dem Hintergrund seiner Kultur, damit wir sie umso wirkungsvoller in die unsere übertragen können.

Wer sich der Bibel widmet, darf übrigens getrost sein: Sie hat schon stärkeren intellektuellen Angriffen standgehalten als den Fragen eines durchschnittlichen Gläubigen. Die evangelikale Forschung hat längst ihr Clownkostüm ausgezogen und ist aus der Manege des akademischen Spotts herausgetreten. Sie hat ihren Platz neben der liberalen Schwesterdisziplin eingenommen. Die Darstellung von Jesus in den Evangelien für bare Münze zu nehmen, hat nichts Peinliches mehr an sich.

Wie steht es also um den wahren Jesus Christus?

Zu allererst müssen wir die Tatsache akzeptieren, dass er wirklich ein Mensch war. Matthäus legt bereits im ersten Satz seines Evangeliums darauf Wert: Jesus Christus, »der Sohn Davids.«[19] Auch Johannes wählt mit »das Wort ward Fleisch«[20] absichtlich diesen Ausgangspunkt. Aber zugleich war Jesus Gott – in Menschengestalt. Jede Darstellung, die diese geheimnisvolle Balance kippt, ist eine Fälschung. Jesus von Nazareth war fest davon überzeugt, selbst Gott zu sein.[21] Deswegen konzentrierten sich seine Prüfungen in der Wüste genau auf diese duale Realität. Die größte Versuchung bestand nicht darin, Steine zu Brot werden zu lassen oder sich vor dem Teufel zu beugen. Jesus musste noch vor Beginn seines öffentlichen Wirkens der Anfechtung widerstehen, an seiner Identität zu zweifeln! Wäre er in jenem Moment schwach geworden, hätte er seine ganze Mission gefährdet.

Jesus war ebenso ein Lehrer. Der Titel, den er am ehesten für sich gelten ließ, war der eines »Rabbi«. Nicht, dass seine Lehre einfach gewesen wäre. Keineswegs. Seine Reden zum Reich Gottes verstanden längst nicht alle. Oftmals war die eigentliche Botschaft so gut versteckt, dass nur die wirklich wachen Zuhörer sie entdecken konnten. Jesus hielt sich auch nicht mit Kleinigkeiten auf. Was er vom Reich Gottes erzählte, waren hauptsächlich Geschichten für die große Leinwand. Er war Geschichtenerzähler, kein systematischer Dogmatiker. Anders als Stephanus oder der Verfasser des Hebräerbriefs[22] hat Jesus nie eine chronologische Abhandlung alttestamentlicher Ereignisse vorgelegt. Stattdessen säte er Geschichten aus, wo immer er war, damit sie im Leben seiner Nachfolger Früchte trugen.

Den meisten von uns wird auch nicht entgangen sein, dass Jesus selten den einfachen Leuten das Leben schwer gemacht hat. Er hob seinen Ärger und Frust für die auf, die sich als religiöse Führer und Autoritäten betrachteten. Jesus fühlte sich wohl bei den Armen und in sozialen Randschichten. Er heilte ihre Kranken, speiste jede noch so große Zuhörerschaft, eröffnete ihnen neue Horizonte und segnete ihre Kinder. Er liebte die Sünder, berührte die Ausgestoßenen mit Geschichten und Händen und ließ sich mit Prostituierten sehen. Jesus war alles andere als risikoscheu: Die von der Gesellschaft Geächteten zogen ihn geradezu an.

Angesichts der Scheinheiligkeit in religiösen Kreisen riss dem biblischen Jesus hingegen sehr schnell der Geduldsfaden. Deswegen war er längst noch kein Anhänger des Liberalismus! Das Endzeitgericht war ein fester Bestandteil seines Glaubensgebäudes. Aber obwohl Jesus sich ausdrücklich als den einzigen Weg zum Vater sah, machte er den Leuten zugleich klar, dass das Reich Gottes viel großzügiger war, als sie dachten: Ein großer Baum, in dem viele verschiedene Vögel nisten. Sogar noch am Kreuz winkte er einen verurteilten Verbrecher ins Paradies durch, nur weil dieser sich mit letzter Kraft verzweifelt an den Erlöser klammerte.

Wie konnte dieser Lebensspender und über die Maßen freigiebige Christus von der evangelikalen Welt zu unserer unscheinbaren, zahmen Jesusfigur gemacht werden? Wie haben wir es fertig gebracht, ihn als dermaßen risikoscheu und schüchtern darzustellen, dass er von den Menschen, die er unter Einsatz seines Lebens retten wollte, lieber gleich fernbleibt?

Es scheint, als müssen wir uns eingestehen: Wir haben ihn so sehr zu unserem eigenen Abbild zurechtgebogen, dass er in unserer Kultur zur Witzfigur geworden ist. Den wahren Jesus abzulehnen, dazu hat heute fast niemand mehr Gelegenheit. Alles, was die Leute von sich stoßen, ist unsere verzerrte Kopie. Wir haben ihnen statt eines frisch gebrühten Cappuccino im italienischen Café ein lauwarmes Käffchen im Plastikbecher vorgesetzt.

Der echte Jesus hatte keine Angst, den Unberührbaren die Hände zu reichen. Er fürchtete sich nicht vor fremden Religionen und Kulturen. Er heilte auch die, die sich hinterher nicht bedankten. Eine Hure durfte ihm in aller Öffentlichkeit die Füße waschen. Und wenn Jesus zu den Menschen sprach, wusste man nie schon vorher das Thema. Aus seinem Mund kam kein moralisierendes Lamento. Darüber waren sich die Menschen einig: So etwas hatten sie noch nie gehört.

Der echte Christus machte aus dem einfachsten Wasser den besten Wein.

Fragen zum Nachdenken und Diskutieren

1. Jesus stellte im Beisein seiner Jünger in der Nähe von Cäsarea Philippi die Frage nach seiner Identität. Wenn Christus mit dieser Frage Ihre Heimatstadt besuchen würde, welche Antworten würden ihm die Leute geben?

2. Warum geht es dabei um mehr als nur eine akademische Debatte? Was hängt alles von der Antwort ab?

3. Der Autor beschreibt die Balance zwischen dem Menschsein und der Göttlichkeit Jesu. Dabei stellt er fest: »Jede Darstellung, die diese geheimnisvolle Balance kippt, ist eine Fälschung.« Was meint der Autor damit? Stimmen Sie dieser Aussage zu?

4. Der Autor schreibt über Jesus: »Wie konnte dieser Lebensspender und über die Maßen freigiebige Christus von der evangelikalen Welt zu unserer unscheinbaren, zahmen Jesusfigur gemacht werden? Wie haben wir es fertig gebracht, ihn als dermaßen risikoscheu und schüchtern darzustellen, dass er von den Menschen, die er unter Einsatz seines Lebens retten wollte, lieber gleich fernbleibt?« Was könnte Ihrer Meinung nach zu dieser Schieflage geführt haben?

5. Welche Möglichkeiten und Schritte fallen Ihnen ein, um Ihr eigenes Verständnis von Christus zu vertiefen? Wie können Sie sich von einer eventuellen Verzerrung befreien, die Ihre religiöse Subkultur vorgibt?

2

Christus, einer unter vielen Göttern?

Im Oktober 2006 sorgten die Äußerungen eines Mitglieds der britischen Regierung für tagelange Schlagzeilen in der Presse. Der Minister hatte angekündigt, muslimische Frauen nur noch ohne Schleier in seiner Sprechstunde zu empfangen.[23] In der gleichen Woche ließ sich ein muslimischer Polizist aus Gewissensgründen vom Wachdienst an der israelischen Botschaft in London befreien und sorgte damit für einiges Aufsehen. Außerdem erntete die BBC-Journalistin Fiona Bruce harte Kritik, weil sie während einer Sendung gut sichtbar ein Kreuz trug.

Nur wenige Tage vorher hatte mich ein Journalist vom *Daily Mirror* angeschrieben, um meine Ansichten zur Rolle der Kirche in der Gesellschaft zu hören. Er wollte dem Glauben einen eindeutigen Platz zuordnen: Freund oder Feind?

Wir leben in einer Zeit, wo uns die Vielfalt in der Welt vor große Herausforderungen stellt. Die Politik hat auf den religiösen Dialog starken Einfluss genommen: Ökumene ist inzwischen ein alter Hut. Heute steht der Dialog zwischen allen Religionen auf der Tagesordnung. Es gibt fast keine Glaubensgemeinschaft mehr, die nicht davon erfasst worden ist. Wir

Christen können uns weiterhin über die Wahrheit und die richtige Lehre streiten, aber derzeit hängt unsere Akzeptanz und Glaubwürdigkeit in der Gesellschaft scheinbar von der Bereitschaft ab, unseren Glauben als Wahlalternative und nicht als einzigen Weg zu propagieren.

Seit etwa dreißig Jahren spielt die Welt in kulturellen Fragen das Spiel »Die Reise nach Jerusalem«. Völker wachsen über ihre Landesgrenzen hinaus und greifen verschiedene Traditionen auf. Auf unserem Erdball hat eine wilde Zickzackbewegung eingesetzt, die uns immer weniger Zeit lässt, um uns an das Neue zu gewöhnen. Immer schneller dreht sich die Spirale der komplexen internationalen Beziehungen und reißt uns mit. Das globale Dorf ist Wirklichkeit geworden.

Die großen Religionen sind am weltweiten Geschehen viel stärker beteiligt, als wir es uns vor einhundert oder fünfzig Jahren hätten träumen lassen. Der Grund dafür ist nicht nur zahlenmäßiges Wachstum. Die Kirchen von heute leben auf viel engerem Raum und in unmittelbarer Nähe zueinander! In den Neunzigerjahren gab es das Schlagwort »komparative Theologie«. Überall war es zu hören. Diese Art des Denkens gilt mittlerweile als hoffnungslos veraltet: Sie passt in das Akademikerbild, wo man sich dem Studium irgendwelcher Leute widmete, die »weit, weit weg« wohnen. Die Welt von heute ist aber viel kleiner geworden. Die verschiedenen Glaubensrichtungen kommen unweigerlich in Kontakt – auch unfreiwillig. Identität, Glauben, nationales Profil: Diese Konzepte werden längst auf einer globalen Bühne diskutiert. »Komparativ« zu denken, wird immer schwerer. Wie soll es auch gehen, wenn mein Nachbar ein amerikanischer Muslim ist, der an der Börse handelt? Oder der hinduistische Ladenbesitzer an der Ecke mir eine französische Zeitung verkauft? Wer heute die Servicenummer seiner Hausbank wählt (die sicher von einer ausländischen Investorengruppe übernommen zu werden droht), landet höchstwahrscheinlich im Call Center in Indien.

Es ist für jede Kultur sozusagen zur Pflicht geworden, sich ständig der anderen Kulturen bewusst zu sein. Und alles, was irgendwie nach kultureller Vorherrschaft aussieht, ist Tabu. Genau aus diesem Grund tun sich die Vereinigten Staaten mit ihrem internationalen Profil so schwer. Als Negativbeispiele mahnen Palästina, Bosnien, Ruanda und Nordirland. Hier sind aus religiösen Überzeugungen gewaltsam durchgesetzte Kulturvorstellungen geworden.

Sir Jonathan Sacks, Oberrabbiner der *United Hebrew Congregations of the Commonwealth*, hat aus dieser Sorge heraus sein hervorragendes und umstrittenes Buch *Wie wir den Krieg der Kulturen noch vermeiden können* verfasst. Sein Standpunkt spiegelt die derzeitigen Auffassungen zur Tyrannei des Andersseins wider. »Wenn ich Recht habe«, mutmaßt Sacks, »dann hast du Unrecht. Wenn das, was ich glaube, die Wahrheit ist, dann muss dein Glaube, der sich vom meinigen unterscheidet, ein Irrtum sein, von dem du bekehrt, geheilt und erlöst werden musst. Aus dieser Überzeugung erflossen etliche der großen Verbrechen der Weltgeschichte.«[24] Deswegen haben sich die heutigen sozialen Systeme die gleichberechtigte Vielfalt auf die Fahnen geschrieben. Wer Anspruch auf Überlegenheit erhebt, wird von der Postmoderne leidenschaftlich abgestraft.

Der wirtschaftliche und globale Druck, der in den letzten zehn Jahren politische Differenzen klein gemahlen hat, presst nun auch die Religionen zusammen. Das kulturelle Klima verlangt nach religiöser Kompatibilität. Glauben ist zweitrangig; unsere primäre Aufgabe besteht darin, negative Assoziationen zu vermeiden und unsere Unterschiede herunterzuspielen. Der christliche Glaube ist nur dann ein willkommener Teilnehmer im gesellschaftlichen Beziehungsgeflecht, wenn er grenzenlos tolerant ist. Exklusivitätsansprüche in den Glaubensüberzeugungen oder im sozialen Handeln machen jede Glaubensgemeinschaft sofort verdächtig. Wer heute Toleranzgrenzen zeigt, ist schnell fundamentalistisch.

Jesus Christus wird seine Andersartigkeit in der Palette der Götter durchaus zugestanden. Er darf sogar einzigartig sein – nur nicht besser. Und vor allem nicht höher. Wenn er irgendeine Form der Vormachtstellung beansprucht, dann bitte nur unter Christen. Darüber hinaus darf er diesen Anspruch nicht erheben. Christen, die behaupten, Jesus sei »höher« als andere Gottheiten, werden politisch ausgegrenzt.

Wie, um Himmels willen, sollen wir in einer solchen Welt Christus glaubwürdig präsentieren? Ich möchte einmal vier Vorschläge einbringen.

Zunächst sollten wir die Auffassung überwinden, dass die pluralistische Gesellschaft unserer westlichen Welt etwas Fremdartiges und Seltsames ist. In den ersten dreihundert Jahren ihrer Existenz war es für die Christenheit eine völlig normale Herausforderung, in einer multireligiösen und sogar feindlichen Umgebung die Gute Nachricht zu verbreiten! Für einen Großteil der Kirche, der nicht zu unserem Teil der Welt gehört, ist dieser Zustand seit Jahrhunderten Realität. Die Privilegien, die wir als Christen in der westlichen Welt genossen haben, haben uns verweichlicht.

Wer Christus in der heutigen Welt glaubwürdig vertreten will, muss den Mut haben, daran zu glauben, dass er wirklich der ist, für den er sich ausgegeben hat. Jesus trat als Gottes einziger Sohn auf[25] und durchkreuzte alle Erwartungen. Die Urgemeinde glaubte fest daran, dass sein Tod und seine Auferstehung der einzige Weg zur Erlösung ist.[26] Es geht um alles oder nichts. Christus ist entweder der Herr über alles oder über nichts und niemanden. Unzählige Christen sind für diesen Anspruch verfolgt worden – gut möglich, dass nun wir an der Reihe sind.

Das liberale Christentum des zwanzigsten Jahrhunderts hat versucht die Glaubwürdigkeit Jesu zu retten, indem es seinen Exklusivitätsanspruch herunterspielte. Aber sich dafür zu entschuldigen, dass Jesus behauptet, Gott zu sein, hat ihn noch nie glaubhafter gemacht. Der gewaltige Anspruch Jesu bleibt eine Stärke der wachsenden evangelikalen Christenheit und die Achillesferse der scheinbar abnehmenden liberalen Tradition.

Am Kreuz scheiden sich die Geister – und das ist ein integraler Bestandteil der Glaubwürdigkeit von Jesus. Dass sein Opfertod für den einen glaubhaft, für den anderen grober Unfug ist, bleibt uns nicht erspart.[27] Diesen Zündstoff zu entschärfen, bringt uns nicht Gottes Dank ein. Eine Gemeinde, die die Herrschaft Jesu verwässert, ist »auf dem Weg zum Selbstmord.«[28]

Irgendwie haben wir Christen uns davon überzeugen lassen, wir hätten nicht das Recht, Jesus als »Herrn der Herren« zu verkünden. Gesellschaftspolitische Entwicklungen haben dieses Recht Stück für Stück in Frage gestellt. Und die Situation wird sich in Zukunft noch verschärfen. Schon jetzt haben nicht wenige diese Freiheit der Meinungsäußerung freiwillig aufgegeben. Nur noch auf der Kanzel darf sie unverblümt ausgeübt werden. Wenn unsere freiheitliche Demokratie jedoch ihren Namen wirklich verdient, dann ist unser Recht, Jesus als den Herrn über die ganze Welt zu verkünden, nach wie vor unangetastet. Es mögen nicht alle unserer Meinung sein, aber zu einem Pluralismus gehört, dass jeder seine Überzeugungen vertreten darf. Es ist an der Zeit, dass der Liberalismus und das Recht auf Religionsfreiheit und Meinungsäußerung auf die Probe gestellt werden. Wir fordern auch vom einundzwanzigsten Jahrhundert die Freiheit ein, unseren Glauben öffentlich vertreten zu dürfen. Dass dabei jeder das Recht hat, auch etwas anderes zu glauben, müssen wir akzeptieren.

Christen sollten frei heraus »Jesus ist Herr« sagen dürfen – auch wenn viele anderer Meinung sind. Unser Wert für die Gesellschaft macht sich schließlich nicht an unseren Worten fest, sondern an der praktischen Nächstenliebe, die jedem Menschen dient.

Zweitens: Die Überzeugung »Jesus ist Herr über alles« hat nur dann eine Chance auf Glaubwürdigkeit, wenn wir sie in Demut und Respekt gegenüber dem Anderen vertreten.[29] Jesus hat nie damit angegeben, dass er Gottes Sohn ist. Als das Thema für ihn mit zwölf Jahren aufkam, behandelte er es nüchtern und sachlich.[30] Nachdem er bei seiner Taufe öffentlich zum Sohn Gottes erklärt worden war, ließ er sich nicht feiern, sondern verschwand sofort vierzig Tage in der Wildnis.[31] Sogar Dämonen wurde der Mund verboten, wenn sie seine Identität herausposaunen wollten.[32] Jesus war nicht glaubwürdig, weil er seinen Namen oder seine Identität energisch verteidigte. Die selbstbewusste Ruhe seiner Autorität hat dafür gesorgt. Der Autor Brian McLaren äußert in seinem Buch *Die geheime Botschaft von Jesus* die Beobachtung: Sogar die Tatsache, dass von Jesu Worten manches im Dunkeln bleibt, verleiht ihnen letztendlich noch mehr Kraft und Größe.[33]

Wir können uns darauf verlassen: Jesus ist Herr – aber nicht, weil Christen das sagen. Er ist Gott, weil er es ist. Daraus sollten wir uns jedoch keine Keule basteln, um sie anderen über den Kopf zu ziehen. Vielmehr wird diese biblische Wahrheit umso verständlicher, wenn wir sie mit so viel Bescheidenheit und Demut anbieten, wie wir nur können. Wer der Meinung ist, es gehöre zum guten Ton eines christlichen Zeugnisses, grundlos auf andere Götter einzudreschen, sollte folgendes bedenken: Paulus hat in Ephesus nicht als erstes die Göttin Diana verrissen.[34] Dr. Chris Wright, Internationaler Direktor der *Langham Partnership International,* attestiert der Urgemeinde vielmehr eine kluge Flexibilität, wenn es darum ging, nicht Juden, sondern Heiden Christus nahe zu bringen.[35] Wir sind nicht dazu gerufen, den Gott des Anderen niederzumachen, sondern Jesus Christus empor zu heben.

Drittens: Jesus wird glaubwürdig, wenn wir ihn selbst zu Wort kommen lassen. Angesichts des drohenden Verlusts von Macht und Einfluss in der Gesellschaft neigen christliche Gemeinden dazu, Jesus in der Öffentlichkeit zu politisieren. Unsere Stimme hat Gewicht, sagen wir, weil Christen (zumindest in der westlichen Welt) schon seit Jahrhunderten die religiöse Mehrheit stellen. Und damit führen wir uns genauso rüpelhaft auf wie Kinder, die die besten Plätze im Kino haben wollen, nur weil Daddy das Lichtspielhaus gehört. Die Folge ist, dass wir in der Öffentlichkeit immer defensiv auftreten.

Was noch dazu kommt, ist, dass unsere scheinbar dringendsten Anliegen in der Öffentlichkeit allesamt die Verteidigung von spezifischen Themen zum Programm haben: Sexualität, Ehe, moralisches Verhalten. Sicher, diese Themen sind wichtig. Aber unsere Verteidigungsposition wird immer schwächer. Und alles, was die Leute von Jesus kennen, ist dass er sich unablässig mit Sexualität, Abtreibung, Scheidung, Glücksspiel usw. beschäftigt. Fragen Sie einen beliebigen Menschen auf der Straße: Er wird ihnen diese Themen als christliches Programm nennen.

Wenn Jesus für sich selbst sprechen dürfte, würde er womöglich seine Glaubwürdigkeit an ganz anderen Punkten aufhängen. Ob es uns gefällt oder nicht: Jesus hatte erschreckend wenig zu Homosexualität zu sagen und war überhaupt sehr wählerisch, wenn es um das Thema Sex ging. Worüber er wirklich reden wollte, hat er eindrucksvoll in sein Manifest verpackt: Freiheit für Gefangene, Sehvermögen für Blinde, Befreiung für Unterdrückte.[36] Was würde es uns kosten, das zu dem Programm zu machen, mit dem man uns sofort verbindet? In einer Welt mit überfüllten Gefängnissen, unzähligen Abhängigkeiten, einer AIDS-Epidemie und Menschenhandel im großen Stil könnte Jesus noch viel glaubwürdiger sein, als wir bisher vertragen konnten.

Stattdessen haben wir ihm das Thema Sex aufgezwängt. Er ist zum Schweigen verdonnert, wenn es darum geht, wie wir unsere Institutionen für unsere eigenen Zwecke missbrauchen. Über religiöse Scheinheiligkeit wollen wir von ihm nichts hören.[37] Die Welt weiß nichts davon, wie große Stücke er auf

Kinder hält oder wie bereitwillig er sich zum besten Knecht gemacht hat, den die Welt gesehen hat. Wir haben verschwiegen, dass Jesus über eine Stadt weint und dass ihm der Tod von Freunden Tränen in die Augen treibt.

Viertens: Christus wird dann glaubwürdig sein, wenn wir es schaffen, überzeugend darzustellen, was ihn einzigartig macht – was ihn von allen anderen Göttern unterscheidet.

Dass er von einer Jungfrau geboren wurde, ist ja bereits unverständlich genug. Darüber hinaus erhebt er aber auch noch als Einziger den Anspruch, zugleich wahrer Gott und echter Mensch zu sein![38] Wir werden auch in Zukunft Mut brauchen, den Menschen von etwas zu erzählen, woran wir zwar glauben, es aber schlichtweg nicht erklären können. Und was noch dazu kommt: Dieser Jesus war Fleisch und Blut und lebte im Nahen Osten. Als rein mythologische Figur ist er wenig glaubwürdig. Seine reale Existenz in der Geschichte ist genauso zentral wie seine Lehre und Wunder. Wenn er kein Jude des ersten Jahrhunderts in Palästina war, dann löst sich auch seine Glaubwürdigkeit in Luft auf.

Das ist aber nicht alles, was ihn einzigartig macht. Jesus maßte sich an, einfach so Vergebung zu erteilen: dem Gelähmten, den Ehebrechern, den Fremden, sogar den verurteilten Straftätern. Er nahm sich die Freiheit heraus, zu vergeben. Damit ist er der Einzige, der Vergebung nie an Gott weiterdelegiert hat. Und als Einziger behauptete er, durch seinen Tod und seine Auferstehung die Macht zu besitzen, der ganzen Menschheit zu vergeben, wenn sie das möchte. Jesus behauptete, Gottes Sohn zu sein, und sagte seine Auferstehung voraus. Ironischerweise brachte ihm das zwar den Tod ein, aber es zeichnet ihn vor allen anderen Göttern aus. Seine Glaubwürdigkeit hing davon ab.

Und das ist noch nicht alles: Obwohl er als Mensch seinen Platz in Zeit und Raum hatte, kündigte er an, noch ein zweites Mal zu kommen. Diesmal in königlicher Pracht und Herrlichkeit. Zweitausend Jahre später ist es an uns, das weiterhin für bare Münze zu nehmen. Unweigerlich wird uns bewusst: Das, was Jesus Christus einzigartig macht, lässt keinen Spielraum für Kompromisse. Er fordert uns nicht nur einiges ab, was den Glauben betrifft, und legt schonungslose moralische Maßstäbe an. Das haben andere auch getan. Er verlangt nicht nur Engagement von uns, das weit über unsere Komfortzone hinausgeht. Jesus ist anders, weil er uns das geradewegs Unglaubliche glauben lässt. Er ist glaubwürdig, weil er den Rahmen des Glaubwürdigen immer wieder einfach sprengt. Nur wer ihm dorthin folgt, wo sich kein anderer Gott hinwagt, wird entdecken können, wie glaubwürdig Jesus in Wirklichkeit ist.

Wenn man darüber nachdenkt, ist die Sache ziemlich gewaltig: An Jesus zu glauben, widerspricht jeder Vernunft, aber es erhebt zugleich unseren Geist. Jesus ist glaubwürdig, weil er es nicht darauf anlegt: Der Glaube an ihn besteht aus vielen Bausteinen des Unglaublichen. Und Gott schafft es, dass die Menschen, die das Wagnis eingehen, am Ende ihm die Ehre geben.

Fragen zum Nachdenken und Diskutieren

1. Der Autor schreibt: »Ökumene ist inzwischen ein alter Hut. Heute steht der Dialog zwischen allen Religionen auf der Tagesordnung. Es gibt fast keine Glaubensgemeinschaft mehr, die nicht davon erfasst worden ist.« Wie sehen Sie das? Gibt es diesen Dialog auf nationaler und lokaler Ebene? Wo findet die Diskussion über das Christentum und andere Religionen statt? Nennen Sie einige Beispiele.

2. Wie stehen Sie zu dem Druck von außen, den das derzeitige kulturelle Klima ausübt, wenn es nach religiöser Kompatibilität verlangt? Wie beeinflusst das unsere Gemeinden? Wie sollten wir auf die Erwartung reagieren, dass wir Unterschiede zwischen den Religionen herunterzuspielen haben?

3. Ist Jesus nur anders als die restlichen religiösen Führer, oder steht er über ihnen? Wie würden Sie Ihren Standpunkt in dieser Frage Menschen kommunizieren, die nicht an einen christlichen Gott glauben?

4. Welche vier Vorschläge macht der Autor, um Christus in einer pluralistischen Welt glaubwürdig präsentieren zu können? Halten Sie diese Ansätze für sinnvoll? Warum? Wenn nein, warum nicht?

5. Welche Merkmale machen Jesus Christus anderen Gottheiten gegenüber einzigartig?

3

Engel gesichtet

Ich bin der typische Pfingstler. Von Kind auf habe ich gelernt, dass sich Glaube in konkreten Zeichen äußert.[39] Aber mit Wundern habe ich so meine Probleme. Wissen Sie, ich glaube durchaus an Wunder. Was ich nicht glauben kann, ist, wie selten sie einem begegnen. Dass der Teil der Christenheit, der noch heute an einen Gott der Wunder glaubt, scheinbar nicht mehr Handfestes vorzuweisen hat als die, für die mit dem Tod der Apostel Wunder aufgehört haben, macht die Sache nur noch schlimmer.[40]

Die Vorstellung, dass Gott sich sichtbar in unsere materielle Welt einmischt und auf übernatürliche Weise handelt, ist unter Christen seit ewigen Zeiten ein Diskussionsthema.[41] Spirituelle Phänomene, Wunder und Geistesgaben waren zentrale Streitpunkte zwischen traditionellen Kirchen und der aufkommenden Pfingstbewegung im frühen zwanzigsten Jahrhundert. Die charismatische Bewegung der Sechziger- bis Achtzigerjahre entfachte die Debatte wieder mit neuer Leidenschaft. Die Pfingstgemeinden sahen sich ihres Besitzes beraubt: Der Begegnung mit dem Heiligen Geist, die nun der breiten Masse offen stand. Ein neues Kirchenverständnis rückte in den Vordergrund: Kirche als der Ort, an dem man die Gegenwart des Reiches Gottes radikal spürt. In Verbindung mit einem apostolischen Leitungsstil erlebte die allgemeine Priesterschaft der Gläubigen einen neuen Höhepunkt. Nun hatte plötzlich jeder seine geistliche Gabe. Höflich zog man einen Trennvorhang zwischen der alten Ordnung der Pfingstkirchen und dem neuen Phänomen der Hausgemeinden. Wie ein Auto mit frisiertem Motor schienen die Charismatiker die Pfingstbewegung auf ihrer eigenen Spur zu überholen. Ganz nach protestantischer Manier dauerte es jedoch nicht lange, bis die ersten Risse und Spaltungen auftraten.[42]

Die Erweckungs- und Wiederbelebungsbemühungen, die in Wellen über den christlichen Glauben hereinbrachen und ihn tiefgehend beeinflusst haben, trieben auch immer stärkere Keile in die Einheit der evangelikalen Welt. Nicht-Charismatiker (mangels einer besseren Bezeichnung) konnten sich nur schwer für Glaubensformen erwärmen, die von übernatürlichen Phänomenen begeistert waren. Noch bis in die Fünfzigerjahre gestalteten sich die Beziehungen zwischen der Pfingstbewegung und der Evangelischen Allianz alles andere als einfach. Und auch wenn die Toleranz sowohl bei Charismatikern als auch bei Nicht-Charismatikern in den letzten Jahren gewachsen ist, sind die Beiden längst noch keine Busenfreunde.

Dann kamen die Neunzigerjahre und mit ihnen der »Torontosegen«. Das ohnehin empfindliche Verhältnis zwischen den beiden biblischen Weltanschauungen kam zwar leise, aber deutlich spürbar an seine Belastungsgrenze. Im Großen und Ganzen gaben sich Charismatiker und Pfingstler Mühe, aufeinander zuzugehen. Die Konservativen unter den evangelikalen Christen fühlten sich jedoch längst nicht mehr wohl. Manche taten dieses neue Phänomen sogar als Einbildung oder ab oder sahen einen dämonischen Ursprung dahinter.

Mit dieser Haltung kam ich auf einer Tagung in Nordirland schmerzhaft in Berührung. Das Ziel unserer Zusammenkunft war, auf beiden Seiten größeres theologisches Verständnis füreinander zu wecken. Noch während des Eröffnungsgebets hörten wir, wie ein Stuhl auf dem Boden zurückgeschoben wurde, Schritte und das Klappen der Tür. Als die Diskussion mit einem Gebet beendet wurde, ereignete sich dasselbe Schauspiel. Hinterher erfuhr ich, dass ein Mann die Gebetszeit boykottiert hatte, weil er der festen Überzeugung war, wer mit Toronto-Sympathisanten betet, lässt sich mit dämonischen Geistern ein!

Die britische Evangelische Allianz veranstaltete 1994 mit vierundzwanzig kirchlichen Leitern eine vierundzwanzigstündige Diskussionsrunde zum Torontosegen. Das Statement, das wir dabei zuwege brachten, war zwar ausgesprochen seelsorgerlich, aber nicht besonders innovativ.[43] Um ehrlich zu sein, hatte ich das Gefühl, dass sich das stille Auseinanderdriften der theologischen Ansichten noch beschleunigt hatte.

Das lag nicht nur an unserem unterschiedlichen Verständnis des Heiligen Geistes oder unseren Auffassungen über angemessenes Gottesdienstverhalten. Offen gesagt ließen die biblischen Belege für tierähnliche Geräusche, die Überschwänglichkeit und pure Körperlichkeit vieler Veranstaltungen sehr zu wünschen übrig! Unser Problem rührte auch daher, wie wir von einer betont rationalen und zynischen Weltöffentlichkeit wahrgenommen wurden, die nur darauf zu warten schien, uns der Lächerlichkeit preiszugeben und als Witzfiguren darzustellen. Toronto war für die, denen der Sinn nach einer guten religiösen Lachnummer stand, ein Geschenk des Himmels.

Mittlerweile sind wir im einundzwanzigsten Jahrhundert angekommen und merken immer mehr, dass wir aus unseren verschiedenen Ansichten über die Bibel, geistliche Gaben und Gottesdienstformen Checklisten gemacht haben, mit denen wir im gegenseitigen Wettstreit stehen. Und ein Punkt auf allen Listen ist die Frage nach Zeichen und Wundern.

Wie kommt es, dass viele bibeltreue Christen sich so unwohl fühlen, wenn es um das Übernatürliche geht? Sowohl bei den ultrakonservativen Evangelikalen als auch bei so genannten liberalen Christen erzeugt dieses Thema ein mulmiges Gefühl. Ein Grund dafür ist, dass sich ihr biblisches Weltbild mit dem modernen Rationalismus am wohlsten fühlt: Was unerklärlich bleibt, dem wird misstraut. Wenn es keine Erklärung gibt, leidet zwangsläufig die Glaubwürdigkeit darunter. Und wenn es intellektuell nicht nachvollziehbar ist, fügt es womöglich den glaubhaften Aussagen des Evangeliums noch Schaden zu. Da erscheint es – für die Liberalen – die bessere Lösung zu sein, die biblischen Wunder als Mythen darzustellen, die nicht wörtlich zu nehmen sind. Oder für die Ultrakonservativen, beim Tod der Apostel und der Entstehung des biblischen Kanons einen abrupten Schlusspunkt für alles übernatürliche Eingreifen zu setzen. Von da an sollte man Wunderberichten keinen Glauben schenken. Und wenn es um Heilung geht, ist das Höchste der Gefühle ein Gebet, das mit den Worten beginnt: »Wenn es dein Wille ist, dass ...«

In diesen Kreisen von wundersamer Heilung zu sprechen, ist theologischer Unfug. Das hört sich viel zu sehr danach an, Gott zu etwas zwingen zu wollen, was nicht mehr in seinem Interesse liegt. Und wenn doch, dann gilt: Gott ist der Souverän und heilt, wen und wann er will. Viel Aufhebens darum zu machen, ist daher überflüssig. Ein kurzes formales Gebet genügt; dramatische Veränderungen darf man sowieso nicht erwarten. Der konservative Flügel scheut sich – verallgemeinert gesprochen – deswegen davor, an Wunder und Unerklärliches zu glauben, weil man dabei Gefahr geht, die intellektuelle Kontrolle zu verlieren.

Wer diese Einstellung zu Wundern und Heilungen hat, für den ist das Brimborium, das so oft darum gemacht wird, natürlich zusätzlich Wasser auf die Mühlen. Die gewichtigen Worte über »dein persönliches Wunder«, die die Fernsehprediger-Kultur verkörpern, treiben vernunftbetonten Gläubigen die Schamesröte ins Gesicht. Wer große Behauptungen aufstellt, deren Wahrheitsgehalt aber nur schwer zu überprüfen ist, untergräbt jede Glaubwürdigkeit. Wenn dann Wunderheilungen auch noch in direkte Relation zu finanziellen Zuwendungen gesetzt werden, sind das sehr schlechte Nachrichten für die Gute Nachricht. Dass in Wahrheit viele Menschen ohne Heilung oder seelsorgerliche Betreuung aus dem Gebetskreis kommen, bringt nicht zuletzt Jesus Christus in Verruf. Wem er Heilung versprach, der ging nie leer aus.

Viele Gemeindedienste, die sich der Heilung von Menschen widmen, sagen nicht die ganze Wahrheit. Meist lassen sie die Kranken unter den Tisch fallen, bei denen nicht das gewünschte Ergebnis eintritt. Selten hört man den Satz: »Nicht jeder kann immer geheilt werden.« Dass der Prophet Elisa nicht an Altersschwäche, sondern an einer unheilbaren Krankheit starb, wird nicht erwähnt.[44] Die rätselhaften Todesumstände vieler Wunderheiler werden einfach ignoriert: Etwa Smith Wigglesworth, der zwar über achtzig Jahre alt wurde, aber an einem Gehirnschlag starb; oder Stephen Jeffries, der »Evangelist mit heilenden Kräften«, dessen Gesundheit sich mit Mitte dreißig rapide verschlechterte und der mit neunundfünfzig und schwerer Arthritis das Zeitliche segnete.[45] Auch das schwere Leiden von David Watson oder John Wimber, das in charismatischen Kreisen für einigen Tumult sorgte, wird unkommentiert gelassen.

Das Ergebnis: Es gibt eine wachsende Gemeinschaft postevangelikaler, post-charismatischer Christen, bei denen die enttäuschten Erwartungen ihres Glaubenslebens zu stiller Ernüchterung geführt haben. Unbeantwortet bleibt für sie auch die Frage, wer daran die Schuld trägt: Gott, sie selbst oder der apostelgleiche Pfarrer. Diese Menschen sitzen da und schütteln ungläubig den Kopf. Sie haben Toronto und Pensacola gesehen und finden keine Worte für die leere Hülle, an die sie einst selbst geglaubt haben.

Wunder stellen offensichtlich ein Problem dar. Christ zu sein ist ohne sie viel logischer und besser planbar. Das Übernatürliche und Geheimnisvolle ist – offen gesagt – schwierig und chaotisch.

Aber genau das ist der springende Punkt. Mysterien sind per Definition undefinierbar! Und so sehr uns das auch verwirren mag: Gott findet das gut so. Unsere rationalen Diskurse sind nämlich nur ein Teil dessen, was die Bibel glaubwürdig macht. Letzten Endes sorgt genau das Unglaubhafte an der Bibel für ihre Glaubwürdigkeit.[46] Nicht unsere Fähigkeit, Christus in kohärenter Weise mit Worten darzustellen, macht ihn reizvoll und einleuchtend. Er selbst ist es, der unseren Verstand fesselt – durch seine unerklärlichen Wundertaten. Dass die explosiven Ereignisse zu Pfingsten eine große Menge von Menschen für Jesus begeisterten, beruht zu gleichen Teilen auf dem wundersamen Geschehen[47] als auch auf der verständlichen Erklärung durch Petrus.[48]

Im Januar 2006 wurde Lord Michael Hastings gebeten, auf einer Konferenz für evangelikale Leiter über eine christliche Strategie für gesellschaftlichen Wandel zu reden.[49] Was er zu Gehör brachte, war jedoch kein Konzept, sondern die eindringliche Frage: Wonach suchen die Menschen in unserer Zeit am stärksten? Seine Antwort: Glück und Zufriedenheit. Und was, so fragte er in die Runde, brauchten die Menschen, um wieder frische Hoffnung, Zufriedenheit und Frieden zu finden? Ganz einfach, sagte Hastings: das unbestimmte Gefühl, es gebe Engel. Das Gefühl, Gott lenke durch seine übernatürlichen Fähigkeiten unsere Welt.

An Wunder zu glauben, ist kein leichtes Reisegepäck. Aber wir brauchen sie unterwegs. Die Wundertaten Gottes im Alten und Neuen Testament halten wir als evangelikale Christen für historisch glaubwürdig. Und heute? Wagen wir einen Blick in die Geschichte der Christenheit: Egal, welche Station man betrachtet – die ersten Gemeinden, die Montanisten, die keltische Kirche, bis hin zu den Erweckungen unter den Wesley-Brüdern oder Jonathan Edwards –, immer war die

Verkündigung der Guten Nachricht untrennbar mit unerklärlichen Wundern Gottes verquickt.

Das ist auch der Grund, warum Gott in den letzten zwanzig Jahren große Gebetsbewegungen ins Leben gerufen hat. Gebet ist an der Tagesordnung. Es ist stets der Auftakt, bevor Gott sein Werk der Veränderung beginnt.

Vor einigen Jahren machte Dr. Leslie Griffiths, der Hauptpfarrer der *Wesley's Chapel* in London für mich eine kleine Führung durch das Haus von John Wesley. Unser Besuch endete in einer kleinen, unscheinbaren Kammer irgendwo mitten im Haus. »Die Wiege des Methodismus«, sagte Griffiths mit leuchtenden Augen. »Das hier ist Wesleys Gebetskammer!« An diesem Ort zu sein, war für mich ein besonderer Moment.

Wer die »Transformation«-Videos[50] gesehen hat, die rasante Verbreitung des Weltgebetstags verfolgt oder am 24/7-PRAYER teilgenommen hat, wird die vielen Geschichten kennen, in denen Gottes Antwort auf Gebete Menschen verändert und berührt hat.

Keine christliche Bewegung hat je etwas ohne Gebet bewirkt. Das Gebet steht vor jedem Wunder.

In seinem Buch *The Conversion of Europe* [Die Bekehrung Europas] unterstreicht Richard Fletcher dieses Argument. Er untersucht in seinem Bericht, wie der christliche Glaube es schaffen konnte, ohne biblisch etablierte Sprache zwischen 371 und 1386 n. Chr. im ganzen heidnischen Europa Fuß zu fassen und das Evangelium zu verbreiten. Fletcher kommt zu dem Ergebnis, dass »Wundertaten, Exorzismen, das Niederbrennen von Tempeln und das Zerschlagen von Schreinen *an sich* schon Evangelisationstaten waren.«[51] Natürlich möchte ich diese Vorgehensweise nicht als Strategie für heute empfehlen! Aber die Aussage ist ziemlich klar.

Wenn Christen das Übernatürliche aus dem Evangelium ausklammern, wird seine Wahrheit seichter, nicht reizvoller. Wunder und Übernatürliches in unserer verhätschelten westlichen Überflusskultur als optionales Extra anzusehen, ist eine Sache; sie völlig abzulehnen, bloß weil man ihnen selten begegnet, eine ganz andere. Das kommt ungefähr der Aussage gleich, die Existenz einer gefährdeten Tierart zu verleugnen, bloß weil sie im städtischen Zoo nicht vertreten ist. Die Suche nach übernatürlicher Hilfe wegen persönlicher Enttäuschung einzustellen, steht jedem frei; sie deswegen als Hindernis für die Glaubwürdigkeit des christlichen Glaubens hinzustellen, ist ein anderes Paar Schuhe.

Die Wahrheit ist: Wenn wir uns gegen Wunder sperren, könnte es sein, dass wir eines Tages völlig mit der Gesellschaft aus dem Tritt geraten, die das ewig Rationale satt hat, weil es immer nur zulässt und erklärt, aber nie etwas bewirkt. Wir haben uns inzwischen mehr und mehr aus den intellektuellen Gefängnissen der Moderne befreit. Das Seltsame und Wunderliche ist längst salonfähig geworden.

Wunder zu verneinen, wird der Christenheit bei dem Versuch, Christus glaubwürdig zu präsentieren, keinen Gefallen tun. Könnte das rasante weltweite Wachstum der Pfingstbewegung mit ihrer freimütigen – und vielleicht manchmal zu stark betonten – Affinität zu Wundern zu tun haben? Oder andersherum gefragt: Gibt es einen Zusammenhang zwischen dem mühsamen Überlebenskampf anderer, älterer Kirchenströmungen und ihrem Unbehagen, was das Übernatürliche betrifft? Gemeinden, die weltweit wachsen, scheinen für gewöhnlich wenig Angst zu haben, das Wort »Wunder« in den Mund zu nehmen.

Fragen zum Nachdenken und Diskutieren

1. Welche Probleme hat der Autor mit Wundern? Teilen Sie seine Meinung?

2. Der Autor nennt viele bibeltreue Christen, die sich mit Wundertaten und Übernatürlichem entschieden unwohl fühlen. Trifft das auch auf Christen zu, die Sie kennen? Wenn ja, welche Gründe könnte das haben?

3. Im Text wird folgende Aussage getroffen: »Unsere rationalen Diskurse sind nur ein Teil dessen, was die Bibel glaubwürdig macht. Letzten Endes sorgt genau das Unglaubhafte an der Bibel für ihre Glaubwürdigkeit.« Stimmen Sie dieser Aussage zu? Warum? Warum nicht?

4. Der Autor stellt folgende Vermutung an: »Wenn wir uns gegen Wunder sperren, könnte es sein, dass wir eines Tages völlig mit der Gesellschaft aus dem Tritt geraten, die das ewig Rationale satt hat, weil es immer nur zulässt und erklärt, aber nie etwas bewirkt.« Teilen Sie die Einschätzung, dass die Gesellschaft des Rationalen überdrüssig wird? Fallen Ihnen Beispiele hierzu ein? Was könnte das für Ihre Heimatgemeinde bedeuten?

5. Gibt es tatsächlich einen Zusammenhang zwischen dem starken Wachstum der Pfingstkirchen und ihrer Einstellung Wundern gegenüber? Haben Sie Bedenken bezüglich des rasanten Mitgliederzuwachses?

4

Christus: Der (sich den) Fragen stellt

Halb schlafend, halb wachend saß ich eines Sonntagmorgens am Flughafen von Entebbe, Uganda, und wartete auf meinen Flug. In unmittelbarer Nähe unterhielten sich einige Londoner angeregt, die ebenfalls auf der Rückreise waren. Ich beachtete ihr Gespräch nicht weiter, bis plötzlich das Wort »wiedergeboren« durch den Schleier meiner Müdigkeit drang. Sie sprachen über Christen.

»Am schlimmsten sind die, die immer mit gedämpfter Stimme reden«, sagte einer der Männer. »Man muss sich nämlich automatisch vorlehnen und ist gezwungen, hinzuhören!«

»Ja, genau«, pflichtete ihm eine Frau mit piepsiger Stimme bei. »Bei mir saß ständig so einer im Zug. Er hat mir immerzu Fragen gestellt. Und bevor ich es gemerkt habe, saß ich schon da und nickte fleißig! Aber am Ende habe ich ihn dann doch in die Flucht geschlagen«, sagte sie triumphierend.

Der Bekehrungsversuch der »Wiedergeborenen« war offensichtlich fehlgeschlagen. Aber ihre Art zu fragen hatte bleibenden Eindruck hinterlassen.

Es ist gut, Fragen zu stellen. Niemand unterhält sich gern mit jemandem, der stundenlang redet, ohne selbst etwas zu fragen. Natürlich sind solche Leute nett und meinen es nicht böse. Aber sie merken nicht, dass sie ihre Aufmerksamkeit komplett selbst in Anspruch nehmen. Sie sind so stark ichbezogen und ausschließlich mit ihrem eigenen Erleben, ihren Problemen, Abenteuern oder Plänen befasst, dass sie nicht die innere Ruhe haben, sich in einen anderen Menschen hineinzuversetzen. Manche sind so von der Rechtmäßigkeit ihres eigenen Standpunkts überzeugt, dass sie schlichtweg nicht mehr die Fähigkeit besitzen, eine abweichende Meinung aufzunehmen.

Die meisten von diesen Leuten meinen es wirklich gut. Aber sie sind keine angenehmen Zeitgenossen.

Es gibt natürlich auch die, die zu unsicher sind, um Fragen zu stellen. Man braucht nämlich ein gewisses Selbstvertrauen dafür. Fragen sind wie eine Gangway ins Herz des Anderen, wie ein Stemmeisen für den inneren Panzerschrank: Wer sich Zugang verschafft, muss auch damit klarkommen, was er vorfindet.

Sich aufs Reden zu beschränken und dabei zu hoffen, dass man gehört wird, war schon immer der leichtere Weg.

Wenn man allerdings etwas entdeckt hat, wovon man leidenschaftlich überzeugt ist, dass es anderen Menschen Gutes bringt, dann ist es gar nicht so leicht, den Mund zu halten. Ungefähr so leicht, wie sich Alexander Fleming vorzustellen, der das Penicillin entdeckt und sich anschließend gemütlich an ein Kreuzworträtsel setzt. Menschen, die davon überzeugt sind, dass das Evangelium eine wirklich Gute Nachricht ist, verspüren den inneren Drang, es zur Sprache zu bringen. Dieser Drang wird noch stärker, wenn sie von höchster Stelle den Auftrag dazu bekommen. Für den, der mit Gott eine lebendige, tiefe Beziehung entwickelt hat, ist es fast schon ein Vergehen, sie für sich zu behalten. Der, dessen Leben sich *wirklich* verändert hat, verspürt den dringenden Wunsch, es seinem Nächsten zu sagen.

Wer sich Gottes Wahrheit voll und ganz verschrieben hat, hat noch ein weiteres Problem: Er kann Halbwahrheiten nicht einfach ignorieren.

Für evangelikale Christen ist die biblische Wahrheit von großer Bedeutung. In einer Zeit, wo der Wahrheitsbegriff immer weniger allgemeingültig ist und sich an den Rand gedrängt sieht, stehen sie vor vielen anderen christlichen Fraktionen zu seiner Verteidigung bereit. Und das zu Recht. Wenn es so etwas wie geoffenbarte Wahrheit gibt, dann ist es nicht nur eine Beleidigung für Gott, sie links liegen zu lassen, sondern auch schlecht für die Gesundheit. Wenn die Gesellschaft auf der einen Seite die biblische Sicht von Ehe und Sexualität spöttisch belächelt, auf der anderen Seite aber mit einer exorbitanten Scheidungsrate, einer noch nie da gewesenen Häufigkeit von Teenager-Schwangerschaften und sexuell übertragbaren Krankheiten fertig werden muss, dann können wir nicht still auf unseren Stühlen sitzen. Die Fehlentwicklung der Gesellschaft treibt uns dazu, lieber eilige Pressemeldungen abzusetzen als sich in behäbigen, weitschweifigen Konferenzen zu ergehen.

Als evangelikale Christen haben wir die Moderne zwar mitgeprägt, sind gleichzeitig aber auch selbst davon stark beeinflusst worden. Deswegen ist es uns weitaus angenehmer, den Kampf um die Wahrheit mit ausgeklügelter Aussagenlogik aus der Ferne zu führen, als uns in den argumentativen Nahkampf zu stürzen. Nur sehr zurückhaltend ist in den vergangenen zehn Jahren das Wort »Dialog« in den evangelikalen Sprachgebrauch aufgenommen worden. Denn was evangelikale Christen zutiefst verabscheuen, ist ein Nebel der Beliebigkeit in Fragen der Lehre. Für Ausflüge in moralisch zwielichtige Gefilde sind wir nicht zu haben. Was wir zu bieten haben, ist Glaubensgewissheit, keine Talkrunde über den Grad der Zweifel.

Das Problem ist nur, dass hinter all der Gewissheit auch Angst steckt. Und wer Angst hat, redet viel. Wir fürchten uns davor, die Wahrheit zu verlieren – jedenfalls, wie wir sie verstehen. Aber oftmals handelt es sich bei näherem Hinsehen gar nicht um Wahrheit, die auf der biblischen Autorität fußt. Es sind »Wahrheiten«, die von einer evangelikalen Subkultur dazu erklärt worden sind, weil sie sich anmaßt, über Richtig und Falsch entscheiden zu dürfen. Wir dürfen nicht vergessen: Vollkommene Liebe treibt die Furcht hinaus.[52] Dazu gehört auch die Angst, die Wahrheit könnte uns aus den Fingern gleiten. Und noch immer ist für zu viele evangelikale Christen Heiligkeit gleichbedeutend mit einer angstgeprägten Beziehung zur Welt.[53]

Es geht noch eine andere Angst um: Wir fürchten um unsere Heiligtümer. Wir haben Angst, unsere reservierten Plätze an den Tischen von Macht und Einfluss an andere Religionen zu verlieren. Unser »christliches Erbe« ist in Gefahr. Das rasante Wachstum des Islams geht nicht spurlos an uns vorüber. Hilflos müssen wir mit ansehen, wie Presse und Medien kontinuierlich gegen das Christentum anstürmen und es als überholte Imperialmacht verunglimpfen, die es zu zerschlagen und abzuschaffen gilt.

Also entscheiden wir uns, möglichst lautstark unsere Meinung zu vertreten. Aus unserer Sicht ist das der einzige Weg, um überhaupt gehört zu werden.

Leider verlieren die Menschen schnell das Interesse an dem, was man zu sagen hat, wenn man sie gleich zu Beginn anschreit. Die Evangelikalen des einundzwanzigsten Jahrhunderts sollten sich da ruhig eine Scheibe von Jesus abschneiden. Konversation ist so viel effektiver! Schon das erste Mal, als Jesus in Erscheinung tritt, verblüfft er die Zuhörer mit seiner Weisheit – im Alter von zwölf Jahren. Die Vorstellung ist natürlich nahe liegend, dass er vor den Erwachsenen stand und sie Dinge über das Leben lehrte. In Wirklichkeit hat er aber nicht nur Fragen beantwortet, sondern genauso viele Fragen gestellt und den Antworten der Anderen gelauscht.[54] Jesus rauschte nicht durch Palästina und hielt hochtrabende

Reden aus luftigen Höhen. Er sprach zwar mit einer solchen Autorität, dass es seinen Gegnern die Sprache verschlug, aber warf nach guter rabbinischer Art ebenso Fragen auf und regte die Menschen zum Nachdenken an. Nicht er gab alle Antworten vor, sondern half seinen Zuhörern, selbst Lösungen für ihre Probleme zu finden.

Jesus war der vollendete Gesprächspartner. Er stellte genau die richtigen Fragen und brachte das Gespräch auf die entscheidende Bahn. Eine Unterhaltung mit Jesus war für viele der Startpunkt für ein neues, besseres Leben. Sogar am Kreuz hatte er noch Zeit für ein Gespräch mit einem verurteilten Straftäter. Am Ende verließ er diese Welt mit einer schwerwiegenden Frage auf den Lippen.[55]

Fragen und Wissbegierde sind Kennzeichen einer selbstbewussten Kirche. Wer sich dessen sicher ist, *was er weiß,* kann auch fehlendes Wissen eingestehen. Wenn wir es nie fertig bringen, andere nach ihren Ansichten zu fragen (bitte keine Fragen, wir sind Christen!), haben wir das Vorbild des neutestamentlichen Dialogs nicht verstanden. Weder Paulus noch Petrus würden diesen Zustand gutheißen. Gott selbst ließ zwei wichtige Bücher im Alten Testament mit einer Frage enden![56] Fragen zu stellen, wirkt sich doppelt positiv aus: Wir lernen unseren Dialogpartner kennen und geben dem Gegenüber zugleich Anstoß, über sich selbst nachzudenken. So können heilsame Prozesse in Gang kommen. Oder wer würde sich schon gern von einem Arzt Tabletten verschreiben lassen, der den Patienten nicht eines Blickes gewürdigt oder auch nur eine Frage zu seinen Beschwerden gestellt hat?

Die Herausforderung für uns besteht darin, uns an den jeweils aktuellen Diskussionen zu beteiligen, um eine göttliche Sichtweise beizusteuern.[57] Wir dürfen nicht davon ausgehen, dass es niemanden interessiert, was die Kirche zu heutigen Themen zu sagen hat. Die Leute »da draußen« wollen nach wie vor hören, was Christen zu einer Vielzahl von aktuellen Themen denken, schon allein deswegen, weil die Politik scheinbar immer weniger Lösungen bieten kann. Im achtzehnten und neunzehnten Jahrhundert machten evangelikale Christen in Großbritannien und den Vereinigten Staaten diese Art der Gesprächsbeteiligung zu ihrer Stärke und waren ganz selbstverständlich am geistlichen, sozialen, wirtschaftlichen und politischen Leben ihrer Nation beteiligt.

Ein glaubwürdiger christlicher Glaube braucht sich nicht vor einer öffentlichen Debatte zu fürchten. Rob Bell führt uns zu Recht vor Augen: »... die Welt um uns herum verändert sich und der christliche Glaube ist nur lebendig, wenn er zuhört, eine neue Gestalt findet, sich erneuert. Wenn er ablegt, was den Zugang zu Jesus verstellt ...«[58]

Eines Nachmittags führte ich mit Luis Palau ein anregendes Gespräch, in dem er mir von seinen »Riverside Talks«, Gesprächen am Flussufer mit einem ranghohen chinesischen Politiker, erzählte.[59] Die Unterhaltungen wurden als Buch veröffentlicht, trugen den Untertitel »Ein wohlwollender Dialog zwischen einem Atheisten und einem Christen« und wurden in China zum Bestseller.

Was haben wir einer Kultur zu bieten, die im Werteverfall taumelt? Welche besseren Leerstellen für biblische Sichtweisen könnte es geben als die Diskussionen von heute, in denen entscheidende Themen wie Vertrauen, Hoffnung oder Respekt wieder auf der Tagesordnung stehen?[60] In Südafrika hat das »Heartlines«-Projekt genau diese Leerstellen genutzt. Mit professionell produzierten Fernsehfilmen zu aktuellen sozialen Problemen und moralischen Fragen bringen sie sich ins allgemeine Gespräch. Mit unverhüllt christlichen Sichtweisen zu entscheidenden Themen wie AIDS/HIV, Drogenmissbrauch, Treue in Beziehungen oder Vergebung sind die Beiträge überall bei den großen Fernsehsendern anerkannt. Es gibt sogar Pläne, sie in anderen afrikanischen Ländern auszustrahlen.

Wenn uns die Sicherheit oder Energie fehlt, der Gesellschaft um uns herum intelligente Fragen zu stellen, fallen wir in unsere typische Haltung zurück: Wir werfen von der sicheren

Kanzel oder vereinzelten Konferenzen mit gewichtigen Ratschlägen um uns. Damit stoßen wir die Welt letztendlich – im Namen der Liebe – nur vor den Kopf.

Der Krieg gegen Kultur und Gesellschaft ist weder wirklich produktiv[61], noch finden wir im Neuen Testament hierfür ein Vorbild. In der Urgemeinde gab man sich zwar viel Mühe, der Sünde entgegenzutreten, aber zugleich waren die ersten Christen sehr darauf bedacht, die Kultur für Christus zu *kolonisieren* und zu gewinnen. Weihnachten, Ostern und der Sonntagsgottesdienst waren ursprünglich heidnische Feste. Die Kirche machte auch nicht davor Halt, die Sprache zu entführen: »logos«, »Evangelium«, »Erlösung« und »Kirche« sind nicht neu erfunden, sondern umgedeutet worden. Das Neue Testament ist ein Lexikon voller geborgter Wörter und Ideen.

Wenn wir als Evangelikale leidenschaftlich für die Wahrheit eintreten, legen wir oft nicht ohne Stolz eine gewisse Streitlust an den Tag, die uns von anderen unterscheidet. Aber ist diese Haltung biblisch? Natürlich wollen wir nicht von vornherein unfreundlich sein. Aber vielleicht sind wir ängstlicher und lustloser in Bezug auf Wahrheit, als wir zugeben wollen? Wenn man sich überlegt, wie schwierig es gewesen sein muss, griechische Termini und römische Gebräuche mit christlichem Inhalt zu füllen, wird uns vielleicht bewusst, welcher Aufgabe wir uns gegenüber sehen, wenn unsere heutige Gesellschaft sich mit der Wahrheit beschäftigen soll.

In unseren Predigten, Verkündigungen und Zeugnissen müssen wir unsere Selbstgefälligkeit ablegen. Wir dürfen den Menschen nicht länger nur das sagen, von dem wir denken, dass sie es hören wollen! Sie müssen das erfahren, was sie wirklich brauchen. Dazu gehört auch, mehr darüber in Erfahrung zu bringen, *wie* Menschen heute hören. Die Talkshow-geprägte Gesellschaft ist nämlich einer Kirche gegenüber weniger voreingenommen, die sich nicht zu schade ist, bei einem Alphakurs-Abendbrot beieinander zu sitzen und über das Leben zu reden. Das Markusevangelium und seine Aussagen über Sünde und Vergebung führen zu fruchtbaren Diskussionen, wenn sie wie beim Glaubenskurs »Christsein entdecken« aufbereitet sind. Menschen ziehen die Zehn Gebote in Betracht, wenn sie vom Evangelisten J. John auf peppige und zeitgemäße Art erklärt und auf alltägliche Beziehungen angewandt werden. Lassen wir uns auf einen Dialog ein, dann bleibt unserem Gegenüber die Würde einer selbstständigen Entscheidung und er oder sie muss nicht sofort vollkommen überzeugt sein.[62]

Wir brauchen uns nichts vorzumachen: Christsein im steten Dialog stellt hohe Anforderungen an die Ortsgemeinde. Es bedeutet nicht nur, anders zu predigen oder den Gottesdienst anders zu gestalten. Es bedeutet, anders zu *denken.* Unser Selbstverständnis und das Tun, das daraus erwächst, werden sich grundlegend verändern. Nur eine dialogorientierte Gemeinde kann ein wirklich lebendiges Zeugnis sein. Ohne ständigen Austausch mit der Welt, die sie umgibt, kann sie nie völlig verstehen, wer sie ist.

Dass aus der Belagerungsmentalität, mit der sich viele Kirchengemeinden gegen die Kultur in Stellung bringen, ein auf Dialog ausgerichtetes evangelikales Christentum wächst, ist unwahrscheinlich. Es kann nur in Gemeinden gedeihen, die es sich zur Aufgabe gemacht haben, selbstbewusste »Gesellschaftsveränderer« in die Welt zu senden. Diese Pioniere kennen sich selbst gut genug, um an den Diskussionen um sie herum teilnehmen zu können, ohne ihre Identität zu verlieren. Nur wenn wir uns das Ziel setzen, »lernende Gemeinschaften«[63] zu werden, werden wir die Vitalität der Christen im Neuen Testament wiedererlangen.

Ein dialogorientiertes Christentum kann Jesus Christus glaubwürdig verkündigen. Nicht, weil es auf alle Fragen in allen Zeiten alle Antworten parat hat. Sondern weil es den Geist des besten Gesprächspartners auf Erden verkörpert.

Fragen zum Nachdenken und Diskutieren

1. Haben Sie schon einmal jemanden getroffen, der so von der Rechtmäßigkeit seines Standpunkts überzeugt war, dass er schlichtweg nicht mehr in der Lage war, eine andere Meinung aufzunehmen? Warum werden Menschen so? Wie können Christen vermeiden, an diesen Punkt zu gelangen?
2. Wovor fürchten sich Christen angesichts der vorherrschenden Kultur? Fallen Ihnen Beispiele ein? Welchen Rat könnte man denen geben, die diese Angst verspüren?
3. Was können wir von Jesus über den Umgang mit Menschen lernen?
4. Der Autor schreibt: »Die Herausforderung besteht darin, uns an den jeweils aktuellen Diskussionen zu beteiligen, um eine göttliche Sichtweise beizusteuern.« Wie können wir dabei vorgehen? Was haben wir den Menschen zu bieten?
5. Was versteht der Autor unter einem auf Dialog ausgerichteten evangelikalen Christentum? Fallen Ihnen aktuelle Beispiele ein?

5

Frische Luft im alten Schiff

Jemand hat einmal gesagt, die Gemeinde ist wie Noahs Arche: drinnen ist es vielleicht muffig, aber dafür tausendmal sicherer als draußen!

Die Metapher ist gut. Sie spiegelt die allgemeine Sicht auf die westliche Kirche wider: ein altes, verwittertes Schiff, das nach Bedeutungslosigkeit mieft und von ständigen Streitereien zum Schaukeln gebracht wird. Die Kirche hat mit der säkularen Kultur und ihren immer schneller wechselnden Bildern und Werten zu kämpfen. Gemeinden sind immer erst einmal »dagegen«, zeigen wenig Toleranz und tragen zugleich ihre Nase hoch. Und Evangelikale sind die Schlimmsten – das sind die neuen Fundamentalisten. Für jede positive Nachricht über die Kirche, so scheint es, rücken drei schlechte nach.

Von innen betrachtet, sieht es in unseren Gemeinden nicht viel besser aus. Tausende treue Seelen singen Woche für Woche in unseren Gottesdiensten Lieder über Erfahrungen, die sie selbst schon lange nicht mehr machen. Sie lauschen Predigten, die sie zwar zum Lachen bringen, denen aber jeder geistliche Mehrwert fehlt. Sogar in Gegenden wie in Afrika, wo das Gemeindewachstum explodiert, sagt man über die Kirche, sie sei breit wie das Meer, aber flach wie eine Pfütze. Allgemein gesprochen: Es gibt viel mehr Christen als Nachfolger Jesu.

Die Beobachtung stimmt. Genau wie in der Arche stinkt es manchmal in der Kirche. Und trotzdem hält sie sich hartnäckig als ein prächtiges Schiff! Trotz des beißenden Gestanks bestand jede kirchliche Führungsperson, die ich mit meiner Buchidee konfrontierte, darauf, dass die Kirche eine entscheidende Rolle spielen müsse, wenn es darum geht, »Christus der Gesellschaft glaubwürdig zu präsentieren«. Auch wenn wir es manchmal nicht nachvollziehen können: Gott hat den Ruf seines Sohnes einer einzigen PR-Agentur in die Hände gelegt – seiner Gemeinde.

Christus ist glaubwürdig. Er stellt auf dem Markt der Möglichkeiten vielleicht keine bequeme und komfortable Option dar, aber er ist glaubhaft und tragfähig: Christus, ein wahrer Mensch, der in einer realen Welt mit echten Problemen zu tun hatte. Unsere Aufgabe besteht nicht darin, ihn glaubwürdig zu *machen*, sondern ihn als solchen an die Öffentlichkeit zu bringen. So, wie Pilatus der Menge zurief: »Seht ihn euch an, diesen Menschen!«[64] Natürlich ist Glaubwürdigkeit keine Erfolgsgarantie. Jeder weiß, dass auch authentische Menschen verworfen werden. Aber es ist ein Anfang.

Die Hauptaufgabe der Kirche ist nicht, ihre eigenen Ansichten möglichst laut in der Öffentlichkeit zu vertreten. Sie soll auch nicht aus Leibeskräften nach verbrieften Rechten schreien oder nach verlorenen Privilegien haschen. Schon gar nicht lautet der Auftrag, Pluspunkte bei der Gesellschaft zu sammeln. Unsere Aufgabe ist simpel und klar, so sagte John Sentamu, der Erzbischof von York, bei seiner Antrittspredigt: Wir sollen Menschen, die nach Gott suchen, Christus als tragfähige Alternative nahe bringen.[65]

Dafür gibt es keine Standardlösung, sondern sie muss an jedem Ort gefunden werden. In Dublin untergraben Politik und Materialismus die Glaubwürdigkeit des Christentums. In Ländern wie Peru, Ecuador, Paraguay oder Bolivien bedeutet es, bereits christianisierten Völkern einen Jesus zu zeigen, der anders aussieht als der glorreiche portugiesische Christus, der Lateinamerika bezwang.[66] Noch heute stehen viele Afroamerikaner einem »europäischen« Jesus, der den Sklavenhandel guthieß, ablehnend gegenüber.

Eine zentrale Herausforderung auf dem Weg zur Glaubwürdigkeit ist die Frage der Bedeutung der Bibel im Leben der Gemeinden. Uns stehen heute mehr als fünfhundert Ausgaben der Bibel in über zweitausend Sprachen zur Verfügung. Aber trotz dieses immensen Überangebots an biblischen Ressourcen, Bibelkursen und elektronischen Bibeltools befindet sich die Bibelkenntnis unter Christen im freien Fall. Man kann Jahrzehnte am Gemeindeleben teilnehmen, ohne sich eine fundierte Sicht auf den biblischen Jesus erarbeitet zu haben.

Wir müssen die Kirche neu *mit der Bibel erobern*. Damit meine ich nicht noch mehr Material für Bibelstunden; unsere Gemeinden haben genügend Vorrat davon. Wir brauchen hierfür auch keine neuen Organisationsformen. Ganz im Gegenteil: Um diese Aufgabe zu bewältigen, wäre es vielleicht sogar das größte Geschenk an den Leib Christi, wenn wir Ressourcen zusammenlegen und Organisationen straffen würden.

Genauso wenig soll dies ein Vorstoß sein, in Zukunft alle Predigten mit möglichst vielen Bibelzitaten zu spicken, um jede noch so kleine Aussage irgendwie mit einem Vers zu belegen. Damit Gottes Wort wieder neuen Raum gewinnt und evangelikale Christen die Bibel gründlich studieren, brauchen wir vor allem Folgendes: Wir müssen Begeisterung und Liebe für Gottes Wort wecken. Das wird dann gelingen, wenn wir wieder entdecken, wie gut die Bibel mit den Fragezeichen unserer Zeit fertig wird und welche konkrete Hilfe sie für die Ungewissheiten von Heute bietet. Dazu gehört auch, unseren Leuten zu zeigen, wie man im Gespräch mit seinen Mitmenschen für Gottes Angebote Interesse weckt. Rob Bell hat es treffend formuliert: »Ein wilder, unzensierter, leidenschaftlicher Bericht von Menschen, die den lebendigen Gott erfahren haben – das ist die Bibel.«[67]

Die Kirche mit Gottes Wort zu erobern heißt, in ihren Mitgliedern eine solche Begeisterung für die Bibel zu entfachen, dass sie ganz von selbst beginnen, darin zu lesen. Nur eine Kirche, in der die Bibel derart präsent ist, hat die nötige Energie und den Mut, alles aus dem Weg zu räumen, was zwischen uns und Jesus steht. In meinem Gespräch mit Tom Wright, dem anglikanischen Bischof von Durham, betonte er immer wieder, dass wir den Christus der Evangelien wiederentdecken müssen – nicht nur die systematischen Paulusbriefe.[68]

Was wir außerdem brauchen, ist eine Kirche, die sich intelligent verhält.

Eine intelligente Kirche ist vor allem eine, die *gründlich betet*. Weil sie davon überzeugt ist, dass Gott in der Beziehung zu uns nicht nur zuhört, sondern auch handelt. Keine Gemeinde, die sich ernsthaft für die Welt engagieren will, kann es sich leisten, das Gebet und die Fürbitte für sie zu vernachlässigen. Es ist kein Zufall, dass Projekte wie der Weltgebetstag oder 24/7-PRAYER von Erfahrungen berichten können, wo auf wundersame Weise Menschen verändert und schwierige Probleme gelöst wurden. Auch die »Transformation«-Bewegung hat in den letzten zehn Jahren durch Gebet Großes in ganzen Stadtteilen bewirkt. Mancherorts arbeitet sogar schon die Polizei mit örtlichen Gebetsbewegungen zusammen.

Eine intelligente Kirche ist aber auch eine *durchdachte* Kirche. Damit soll in keiner Weise das geschmälert werden, was wir im dritten Kapitel, »Engel gesichtet«, über Wunder und göttliches Eingreifen gesagt haben. Das beste Konzept kann Wunder nicht ersetzen. Aber der Geist Gottes ist immer bereit, mit vernünftigem und intelligentem Material zu arbeiten.

Eine durchdachte Kirche denkt beispielsweise darüber nach, was sie sagt. Wenn die Pfarrer und Pastoren unserer Gemeinden davon ausgehen würden, dass unter den Gottesdienstbesuchern Menschen sind, deren Lebenserfahrung die ihre übersteigt – etwa ein Mathematikprofessor, ein Bundesrichter, ein Molekularbiologe oder ein Minister –, dann würden die Predigten womöglich um einiges glaubhafter werden. Manchmal erzählen Pastoren das Blaue vom Himmel, weil sie wissen, dass sie ungeschoren damit davonkommen.

Eine durchdachte Kirche arbeitet an ihrer Glaubwürdigkeit, indem sie die Messlatte für moralisches Verhalten hoch anlegt – allerdings nicht nur im Bereich der Sexualität. Sexualethik ist wichtig, aber genauso auch, wie wir uns im Geschäftsleben verhalten, wie wir der Armut begegnen und mit der Umwelt umgehen. Für die Menschen um uns herum dürfte das Verständnis von einem Leben mit Gott zu einem nicht unerheblichen Teil davon abhängen, was sie bei uns an ethischer Verantwortlichkeit sehen können.[69]

Ein mutiger und bis zum Ende durchdachter Ansatz wird genau zu diesem Ergebnis kommen: weniger über Moral reden – mehr Moral *vorleben*. Unter anderem auch deswegen, weil viele der moralischen Fragen, die uns schon eine lange Zeit begleiten, längst nicht mehr rein moralisch sind, sondern einen politischen Charakter haben.

Die ungeschönte Wahrheit ist: Für Otto Normalverbraucher hat die evangelikale Kirche den Kampf gegen den moralischen Verfall schon vor dreißig Jahren verloren. Und obwohl es leichte Anzeichen dafür gibt, dass die Gesellschaft angesichts der desolaten Lage langsam wieder zur Besinnung kommt, kann es gut und gerne noch eine Generation dauern, bis wir in diesen Themen wieder Gehör finden.

Luis Palau hat es so formuliert: »Homosexualität und Abtreibung sind keine rein moralischen Problemfelder mehr. Sie sind zu politischen Reizthemen geworden, in die man die Evangelikalen hineinzieht. Es hat nichts mit Feigheit zu tun, wenn wir uns nicht ständig dazu äußern. Das ist kein Kompromiss.«[70]

Christus ist glaubwürdig – er wird aber nur bekannt, wenn wir auch in seinem Namen handeln. Während eines Fluges von Deutschland nach Brasilien saß Dr. Bertil Ekström, der Exekutivdirektor der Missionskommission der Weltweiten Evangelischen Allianz, neben einer jungen Frau, die zunächst wenig Interesse an seinen theologischen Ansichten zeigte. Solange, bis er erwähnte, dass er in Brasilien mit Straßenkindern arbeitet. Ekström sagt selbst: »Unsere Glaubenslehre kann man auf einer Skala von eins bis zehn mit der vollen Punktzahl bewerten – aber Glaubwürdigkeit erwächst nicht daraus. Sie hängt vielmehr davon ab, ob unser Bekenntnis zu Christus, die Liebe Gottes und unser praktisches Engagement in der Gesellschaft ein stimmiges Bild ergeben.«[71]

Wir machen uns etwas vor, wenn wir denken, dass Glaubhaftigkeit nur auf wohlformulierten Gedanken über Gott basiert. Vernunft und stimmige Lehre sind wichtig, aber die Menschen brauchen auch einen Gott, der etwas tut. Einem glaubwürdigen Christus »muss man zutrauen können, dass er die Bedürfnisse der Gesellschaft stillt.«[72]

Wenn wir das hinbekommen, horchen die Leute auf.

Nachdem der Hurrikan »Katrina« im September 2005 über New Orleans hinweggefegt war, ließ sich der ehemalige Parteivize der Labour-Partei in Großbritannien, Roy Hattersley, ein ausgesprochener Atheist, zu einem überraschenden Eingeständnis hinreißen. Er kommentierte den Hilfseinsatz der Heilsarmee und gab zu, dass er zwar über die Widersprüche in der Bibel und die vermeintlichen Wunder nicht hinwegkäme, für Christen aber trotzdem Bewunderung empfinde. Hattersley schrieb: »Es gibt nur eine logische Schlussfolgerung: Der Glaube bringt ein Paket an moralischen Imperativen mit sich, die zwar nicht die Gesinnung von allen Gläubigen bestimmen, aber immerhin so viele von ihnen beeinflussen, dass sie Atheisten wie mir moralisch überlegen sind. Die Wahrheit hat uns vielleicht befreit, aber längst nicht zu so bewundernswerten

Menschen gemacht wie jeden beliebigen Offizier der Heilsarmee.«[73]

Dieses Erbe verdanken wir der evangelikalen Bewegung des neunzehnten Jahrhunderts. Seit den 1930er Jahren und der Paranoia wegen der *Social-Gospel*-Bewegung haben jedoch manche Teile der evangelikalen Welt die zentrale Bedeutung sozialen Handelns für unseren Glauben aus den Augen verloren. Zugegebenermaßen sind für viele Christen »gute Taten« seit den Siebzigerjahren wieder wesentlicher Bestandteil des evangelikalen Zeugnisses. Das sollte jedoch für alle von uns gelten. Was auch immer die Schlagzeilen über das Christentum im Allgemeinen und die evangelikale Welt im Speziellen zu melden haben: Unsere Glaubwürdigkeit hängt davon ab, ob soziales Handeln ein Markenzeichen für den christlichen Glauben wird.

Noch ein letzter Punkt: Glaubwürdigkeit hat viel mit Selbstvertrauen zu tun. Ein bescheidener, an sich selbst zweifelnder Erlöser ist ein Widerspruch in sich. Wir sind Botschafter für Christus in unserer jeweiligen Kultur – das dürfen wir ruhig selbstbewusst in unseren Glauben aufnehmen.

Natürlich sollen wir dabei nicht eingebildet werden. Schließlich kennen wir unsere eigenen Schwächen nur zu gut. Unser Selbstvertrauen hat vielmehr mit der unglaublichen Kraft zu tun, die in unserem Auftrag für die Welt liegt. Und damit, dass wir in diesem Auftrag eins mit Christus sind.

Eine evangelikale Kirche, die fit für das einundzwanzigste Jahrhundert ist, verlässt sich auf die Voraussagen Jesu, was ihre Zukunft betrifft. Sie macht sich nicht abhängig von den Prognosen der Tagespresse. Und sie wird sich einer gewaltigen Tatsache bewusst werden: Jesus hat seine Glaubwürdigkeit in der unseren verankert. Er hat die Zukunft seiner Gemeinde auf unsere schwachen Schultern gelegt und uns beauftragt, bis an die Enden der Erde seine Zeugen zu sein.

Fragen zum Nachdenken und Diskutieren

1. Welche Hauptaufgabe hat die Kirche laut diesem Kapitel? Was halten Sie von dieser Sichtweise?
2. Was bedeutet es, die Kirche mit der Bibel neu zu erobern? Wie könnte man in Ihrer Heimatgemeinde an diese Aufgabe herangehen?
3. Was heißt es für eine Kirche, sich intelligent zu verhalten? Wie schneidet Ihre eigene Kirche hierbei ab?
4. Stimmt es, dass Evangelikale in der Vergangenheit ihren Schwerpunkt zu sehr auf sexuelle Moral gelegt haben und ethisch verantwortliches Handeln in Bereichen wie Geschäftsgebaren, Armutsbekämpfung und Umweltschutz vernachlässigt haben? Wenn ja, wie konnte es dazu kommen? Was können wir tun, um wieder ein Gleichgewicht herzustellen?
5. Welche Vorschläge macht der Autor, wie Christen ihre Glaubwürdigkeit in der Welt verbessern können?

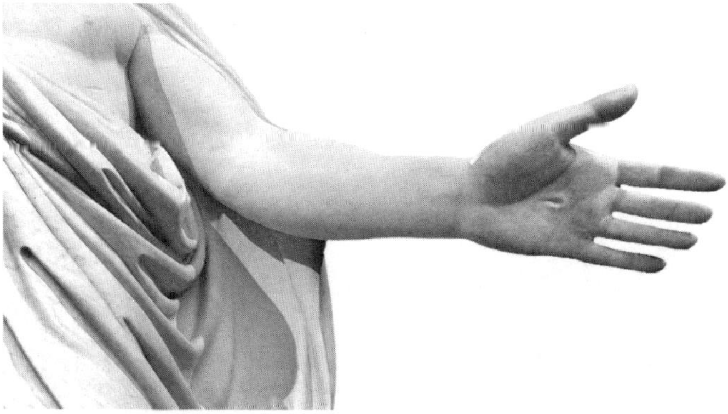

Teil 2

Den Begriff »evangelikal« rehabilitieren – als Gute Nachricht

»Gottes Geist erfüllt mich; er hat mich auserwählt, den Armen eine Botschaft zu sagen, die wirklich eine gute Nachricht für sie ist. Er hat mich hinausgeschickt, den Gefangenen ihre Freilassung anzukündigen, Blinde wieder sehend zu machen, Beladenen und Niedergedrückten ihre Last von den Schultern zu nehmen und allen anzukündigen: ›Dies ist Gottes Jahr, in dem er sich eurer erbarmen wird!‹«

Lukas 4,18.19, *Willkommen daheim*

Das Problem mit Wörtern ist folgendes«, sagte der inzwischen verstorbene Drehbuchautor Dennis Potter, »man weiß nie, wo sie sich rumgetrieben haben!«

Wörter sind höchst launische und vergängliche Werkzeuge ohne festen Wohnsitz. Sie ändern ihre Bedeutungen und Nuancen, je nachdem, wie bestimmte Leute zu bestimmten Zeiten an bestimmten Orten sie gebrauchen. Wer mir nicht glaubt, möge einfach die Bibel aufschlagen. In der ersten Lutherübersetzung finden sich Wörter, die heutzutage noch nicht einmal in gehobener Gesellschaft benutzt werden!

Gute Wörter werden zu schlechten Wörtern, schlechte Wörter werden gesellschaftstauglich. Das hat oft damit zu tun, mit welchem Handeln wir die Wörter in Verbindung bringen.

Genauso häufig gehen solche Veränderungen aber auch auf das Konto von Meinungsmachern und -manipulierern.

Es gibt wohl keinen Fall, auf den das mehr zutrifft als auf das Wort »evangelikal«.

Falls Sie die Stirn haben, mit einem Plakat, auf dem steht: »Ich bin evangelikal« durch die Einkaufszone Ihrer Stadt zu schlendern, dann werden die Reaktionen Ihnen einen guten Überblick darüber verschaffen, wie dieses Wort von unserem eigenen Handeln und von den Äußerungen anderer geprägt worden ist. Einige Reaktionen würden wohl auch auf purer Ignoranz basieren.

Wörter können ihre Bedeutung aber auch ändern. Früher hatte »geil« eine sexuelle Bedeutung, wohingegen »gay« ein normales englisches Wort für »fröhlich« war. Wissen Sie, niemand hat mehr Macht über die Bedeutung eines Wortes als der, dem es »gehört«. Es gibt mehr als 420 Millionen evangelikale Christen auf der Welt. Wenn alle an einem Strang ziehen würden, dann könnte »evangelikal« vor allem eines bedeuten: *Gute Nachricht.*

6

Was ist schon ein Name?

Das Wort »evangelikal« hat etwas sehr Kurioses an sich. Es fühlt sich irgendwie weltfremd an, weil ihm der klare Bezug zur realen Welt fehlt. Der Begriff steht für keine bestimmte Religionsgemeinschaft. Man kann ihm keine Kirchenbauten zuordnen. Die vielen Gemeindekulturen, die sich unter diesem Schirm sammeln, sorgen dafür, dass er sich keiner Institutionalisierung beugt. Er ist nicht so leicht dingfest zu machen.

Einen evangelikalen Christen zu erkennen, ist mindestens genauso schwer. Wissen Sie, mein Sohn und ich haben denselben Vornamen. Wenn nun meine Frau von irgendwo im Haus »Joel!« rief, wussten wir instinktiv, wen sie von uns beiden meinte. Es war unser häusliches Privatwunder. Vor drei Jahren zog mein Sohn aus. Als wir dann zu Weihnachten wieder als Familie beisammen waren, rief meine Frau »Joel« und wir beide antworteten gleichzeitig. Meine Tochter ist der Meinung, das läge daran, dass wir nicht mehr unter einem Dach wohnten. Wir hatten eine familiäre Komponente verlernt.

Genauso verhält es sich mit dem Wort »evangelikal«. Wenn man es heutzutage benutzt, weiß man nie genau, wer einem antwortet. Die Evangelikalen sind eine weitläufige Großfamilie geworden, deren Mitgliedschaft sich über kulturelle Grenzen, Kirchenformen und Schwerpunkte der Glaubensauslegung hinaus erstreckt. Das evangelikale Glaubensverständnis hat sogar den Graben der Reformation überwunden und im Katholizismus Fuß gefasst. Evangelikale sind »offen«, »progressiv«, »Mainstream«, auf der linken und rechten Seite des Spektrums, benutzen sowohl Bezeichnungen wie »radikal« oder »post-«, als auch »konservativ« oder »fundamentalistisch«. Es gibt sie in charismatischer Ausführung, als Freikirchlicher wie in den Volkskirchen.

Auch die politische Zugehörigkeit ist nicht festgelegt. Vor einigen Jahren besuchte ich mit einem Gastprediger eine Baptistengemeinde in den Vereinigten Staaten. Am Abend gingen wir in ein Restaurant. Dort fragte er mich erstaunt: »Stimmt es wirklich, dass Evangelikale in Großbritannien die Labour-Partei wählen?« Ich bejahte und erklärte ihm, dass die politischen Meinungen unter evangelikalen Christen genauso auseinander gingen wie beim Rest der Bevölkerung. Er war verblüfft. Dann blickte er sich um, lehnte sich vor und raunte mir zu: »Ich habe bei der letzten Wahl für die Demokraten gestimmt!« Ich tat so, als würde mich das schockieren.

Die evangelikale Identität auf einen Nenner zu bringen, war noch nie leicht. Die erste Veröffentlichung der neu eingesetzten Theologischen Kommission der Weltweiten Evangelischen Allianz im Jahr 1996 trug den Titel »Was ist ein evangelikaler Christ?«. Neu ist diese Frage allerdings nicht. Schon Lord Shaftesbury (1801–1885) beklagte sich, dass man früher genau wusste, wer ein Evangelikaler war, aber im Laufe der Zeit immer unklarer wurde, was einen solchen Christen ausmacht. Charles Spurgeon (1834–1892) hatte dasselbe Problem: »Es ist nur scheinheiliges Gerede, wenn wir immerzu rufen: ›Wir sind evangelikal, wir sind evangelikal‹, aber uns weigern, zu erklären, was das bedeutet.«

Das Problem mit der evangelikalen Identität wurde stets dadurch noch verschärft, dass wir so gern mit sauber getrennten und systematischen Kategorien arbeiten. Wahrscheinlich hätten wir es in der neutestamentlichen Gemeinde mit all ihrer Ungewissheit im Entwicklungsstadium nicht lange ausgehalten.

Leider ist die Frage nach der evangelikalen Identität bisher oft nur so geklärt worden, wer wir *nicht* sind und wer alles *nicht* zu uns gehört. Dabei sind feine Abstufungen nicht gerade unsere Stärke. Wer zum evangelikalen Kreis dazugehört, hängt zu einem großen Teil davon ab, wer gerade die Entscheidungsgewalt hat. Am Anfang des zwanzigsten Jahrhunderts durften Pfingstler deswegen nicht zu den Evangelikalen gezählt werden und tauchten bei Billy Grahams evangelistischen Großveranstaltungen nur am Rande auf.[74] Von 1960 an bis in die Achtzigerjahre galten die Charismatiker als Neulinge, denen man mit Misstrauen begegnete. Heute gestalten kulturell gefärbte Kirchen- und Gottesdienstformen aus Asien, Afrika und Lateinamerika die evangelikale Familie um, sorgen für Bereicherung und erzürnen zugleich so manche alte Norm.

Zu entscheiden, wer alles dazu gehört und wer nicht, ist eine ganz schöne Herausforderung. Hier sind ein paar Vorschläge, wie wir diese globale Frage angehen können:

- Zunächst müssen wir anerkennen, dass es noch nie leicht war, die evangelikale Identität zu bestimmen. Und das soll auch so sein. Schließlich muss man sich auf ihrer Spur durch eine komplexe Mischung aus biblischer Wahrheit, personenbezogener Geschichte und sozialem Handeln arbeiten. Evangelikales Denken ist radikal und reformerisch, zugleich aber auch scheu und vorsichtig; in der Vergangenheit eurozentrisch, heute von der südlichen Welt angeführt.

- Keine evangelikale Subkultur darf eigenmächtig darüber bestimmen, wer evangelikal ist und wer nicht. Die evangelikale Identität sollte kulturell übergreifend gestaltet werden, in Glaubensdingen jedoch nicht ausufern: mit einem festen biblischen Kern und einem flexiblen kulturellen Rand. Unser »Kirchenhaus« bietet genügend Platz, um sowohl den unterzubringen, für den auf das Halten von Gottes Geboten auch sein materieller Segen folgt, als auch den, der der Prädestinationslehre anhängt.

- Als Evangelikale sollten wir nie die Wahrheit dazu missbrauchen, um andere auszuschließen. Die Wahrheit ist gekommen, um uns frei zu machen. Wer Gottes Reich im Sinn hat, beginnt jede religiöse Bekanntschaft mit dem Ziel, den anderen *dazuzuzählen*. Erst dann wird anhand der Bibel geprüft, ob das tragbar ist.[75] Brian McLaren betont genau diesen Ansatz: »Die neue Welt Gottes will alle aufnehmen, die dieselben Ziele verfolgen und sich dafür einsetzen wollen, aber sie kann niemanden aufnehmen, der diese Ziele ablehnt.«[76]

- Wenn sich evangelikale Christen als letzte Instanz für die Wahrheit hinstellen, bewegen sie sich auf gefährlichem Terrain. Schnell wird daraus eine Art geistliche Mafia. Ich bin die Kirchen leid, die für alle anderen festlegen wollen, wie Kirche auszusehen hat. Meistens deckt sich ihre Definition nämlich nur mit der Art und Weise, wie sie selbst aufgestellt sind.

- Man sollte evangelikale Gemeinden daran erkennen, wie ernst sie die Bibel nehmen und Gottes Wort in allen Fragen des Glaubens und des Lebens Autorität zugestehen. Allerdings darf nicht eine einzelne kulturelle Interpretation über die anderen bestimmen. Die evangelikale Welt besteht aus vielen verschiedenen Kulturen und wird von einem unsichtbaren Band gegenseitiger Gnade zusammengehalten. Was uns jedoch alle auszeichnen sollte, ist ein fester Glaube, moralische Verpflichtung und das Bestreben, gesellschaftliche und soziale Probleme an der Wurzel anzugreifen. Das ergibt im Ganzen folgende Gleichung: Alle Evangelikalen sind »orthodox«; zugleich wissen wir aber, dass die Wahrheit immer größer sein wird als das, was wir von ihr kennen. Wenn es darum geht, zu zeigen, was einen Nachfolger Christi ausmacht, spielen wir als Evangelikale zwar eine Schlüsselrolle, aber wir sind nicht gleichbedeutend mit der Wahrheit. Und Gott hat uns auch nicht als seine Gedankenpolizei eingesetzt.

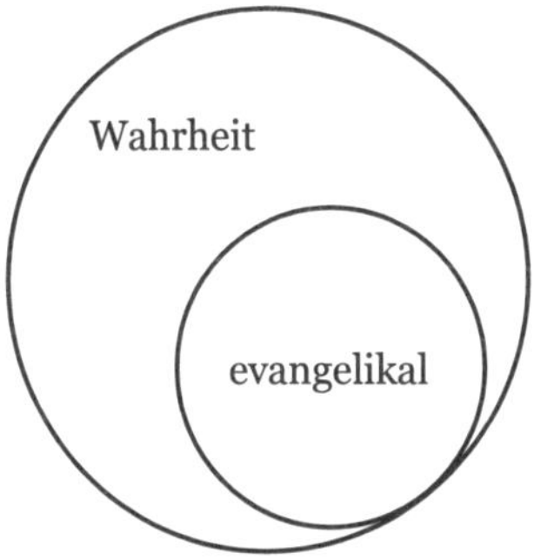

- Evangelikale Christen sollten denen entschieden entgegentreten, die nach dem McCarthy-Prinzip (»Den falschen gekannt, gleich mitverbannt«) ihre Brüder und Schwestern denunzieren. Diese üble Methode gibt vor, im Namen der Wahrheit zu operieren, tut aber in Wirklichkeit genau das Gegenteil, weil die Anschuldigungen im Normalfall die Sachlage völlig außer Acht lassen. Vor nicht allzu langer Zeit habe ich in einem Artikel einen liberalen Theologen zitiert. Kurz darauf beschwerte sich ein Mitglied der Evangelischen Allianz in einem Leserbrief, ich hätte die Seiten gewechselt und würde die ganze Allianz niederreißen! Dabei war es nur ein kurzes Zitat!

- Der evangelikale Glaube wird falsch dargestellt, wenn man ihn auf Kosten einer großen Bandbreite von ethischen Fragen auf eine kleine moralische Agenda reduziert. Wer gegen Abtreibung und die Legalisierung der gleichgeschlechtlichen Ehe eintritt, sollte auch für Gerechtigkeit und gegen Armut kämpfen.[77]

- Gott hat keine Partei. Dass die US-amerikanischen Republikaner nicht mehr gleichbedeutend mit dem evangelikalen Christentum sind, ist für die Gute Nachricht nicht von Nachteil. Gott steht nämlich genauso wenig auf der Seite des Afrikanischen Nationalkongresses wie auf der der religiösen Rechten der Republikanischen Partei.[78] Die Weltpolitik braucht heute dringend Hoffnung und praktische Lösungen – es wäre ein Jammer, wenn die Evangelikalen nicht über das Balgen um politische Macht und die verschiedenen Herangehensweisen hinauskämen. In Großbritannien gehen christliche Politiker mit gutem Beispiel voran: Sechs Abgeordnete aus verschiedenen Parteien haben sich zu einer Gruppe, der »G6« zusammengeschlossen. Politisch gesehen steht jeder von ihnen woanders; trotzdem setzen sie sich regelmäßig zusammen und erleben als Politiker christliche Gemeinschaft. Diesem Vorbild müssen wir als evangelikale Christen folgen. Der größte Fehler, den wir vor den Augen der Welt begehen könnten, wäre, den evangelikalen Status von bestimmten Standpunkten zu spezifischen politischen Themen abhängig zu machen. Was wir von dieser oder jener öffentlichen Thematik halten, macht unseren Glauben nicht aus. Wir sollten bereit sein, gemeinsam für Jesus zu sterben – und uns nicht gegenseitig aufgrund der falschen oder richtigen Meinung ans Kreuz nageln.

Mit den oben genannten Punkten wollte ich keineswegs sagen, dass unsere Identität als evangelikale Christen völlig in der Luft schwebt. Was auch immer wir in das Wort »evangelikal«

hineinlesen – die biblische Basis gehört untrennbar dazu. Von den Wurzeln des Evangeliums im Neuen Testament bis zur Reformation und in unser einundzwanzigstes Jahrhundert hinein gilt: der Wortstamm *evangel* – Gute Nachricht – ist der zentrale Anker unserer evangelikalen Identität.

Was die Weltweite Evangelische Allianz (WEA) betrifft, so beginnt das evangelikale Leben dort, wo jemand eine persönliche Beziehung zu Jesus Christus aufbaut und die Gute Nachricht auslebt. In ihrer Kurzdarstellung »Case for Support«[79] vergleicht die WEA die Definition von David Bebbington, Professor für Geschichte an der Stirling University in Schottland[80], mit dem Ansatz des britischen Theologen John Stott. Bebbington definiert »evangelikal« so:

- Biblische Autorität
- Christus im Zentrum
- Bekehrung
- Soziales Handeln

Stott, der den Begriff »Evangelikalismus« zu vermeiden sucht, spricht dann von einem evangelikalen Glauben, wenn die Dreieinigkeitslehre im Zentrum steht.[81]

Die Stärke und Verlässlichkeit des evangelikalen Glaubens beruht nicht auf kulturellen Präferenzen, die so oft zu Vorurteilen führen. Auch der Stolz auf »das große E« ist definitiv nicht dafür verantwortlich. Das Etikett allein ist es nicht wert, dafür zu sterben. Worauf wir uns berufen können, ist unsere biblische Weltsicht und die Erfahrung, dass Menschen durch den evangelikalen Glauben verändert werden.

Evangelikal zu sein, bedeutet, durch die Gute Nachricht einen positiven Anstoß zu geben. Das ist unsere Stärke! Das Zentrum ist Jesus Christus, das lebendige Wort Gottes, der das Universum und unser Leben regiert. Seine Herrschaft gegen unsere Kultur einzutauschen, kommt für uns als evangelikale Christen nicht in Frage. Wir sind zu sehr begeistert von Menschen, die Veränderung erleben, und Gemeinschaften, die das Konzept von Sünde und Vergebung ernst nehmen. Evangelikale Christen wollen nichts lieber, als dass Gott über alles regiert. Gleichzeitig ist uns bewusst: Ohne das aktive Wirken des Heiligen Geistes kommen wir auf dieser Spur nicht voran.

Das einundzwanzigste Jahrhundert wird uns noch in viele Richtungen locken. Aber wenn es etwas gibt, wonach wir mit aller Kraft streben sollten, dann seine Herrschaft – es ist ein lohnenswertes Ziel.

Fragen zum Nachdenken und Diskutieren

1. Wenn man in Ihrer Heimatstadt einen Querschnitt der Bevölkerung danach befragen würde, was für sie der Begriff »evangelikal« bedeutet, welche Antworten würden die Menschen geben?

2. Der Autor trifft folgende Aussage: »Keine evangelikale Subkultur darf eigenmächtig darüber bestimmen, wer evangelikal ist und wer nicht. Die evangelikale Identität sollte kulturell übergreifend gestaltet werden, in Glaubensdingen jedoch nicht ausufern: mit einem festen biblischen Kern und einem flexiblen kulturellen Rand.« Was meint er damit? Teilen Sie seine Meinung? Versuchen Sie, Beispiele für einen flexiblen Rand zu finden.

3. Wie stehen Sie zu der Aussage, dass die Wahrheit immer größer sein wird als die Evangelikalen? Halten Sie diese Auffassung für gefährlich oder fühlen Sie sich damit wohl? Warum?

4. Sind Ihnen Situationen begegnet, in denen jemand nach dem McCarthy-Prinzip (»Den falschen gekannt, gleich mitverbannt«) vorgegangen ist? Welche Probleme wirft dieser Ansatz auf?

5. Wie definieren David Bebbington und John Stott Evangelikalismus? Entspricht eine der Definitionen Ihrer eigenen Sichtweise auf die evangelikale Kirche? Oder würden Sie eine andere bevorzugen? Wenn ja, welche?

7

Gute Zeiten für Gute (Nachrichten)

Die Humanisten haben ein Problem: Auch nach zweihundert Jahren des säkularen Experiments weigert sich die Religion, abzutreten. Der atheistisch-kommunistische Länderblock ist kollabiert, sogar China ist nicht mehr so rigoros wie früher, was Religionsausübung betrifft. Nicht wenige der neuen politischen Bedrohungen kommen im religiösen Mäntelchen daher.

Karl Marx wird in Afrika nicht die treibende Kraft für die Zukunft sein, sondern entweder Mohammed oder Jesus. Inzwischen gibt es Präsidenten und Premierminister, die ihren Glauben stolz vor sich her tragen. Zwischen Regierungsbehörden und Glaubensgemeinschaften werden willentlich transparente Partnerschaften begründet. Aus den allgemeinen Nachrichten sind religiöse Themen nicht mehr wegzudenken. Kürzlich erst erzählte mir ein christlicher Politiker aus Großbritannien, er habe noch nie so viele Christen im Unterhaus des britischen Parlaments gesehen. Der Glaube an Gott hat offensichtlich nicht die Hände in den Schoß gelegt.

Glaube und Religion kommen wieder in Mode. Warum setzen sich gerade jetzt immer mehr evangelikale Christen dafür ein, die Bezeichnung »evangelikal« loszuwerden?

Es scheint, dass einige von uns bemerkt haben, dass dieser Titel gelegentlich missverstanden und oft falsch erklärt wird. Einige evangelikale Bewegungen haben sich bereits neue Namen zugelegt, um ihn hinter sich zu lassen. Als der konservative *British Evangelical Council*, eine Vernetzungsorganisation für evangelikale Kirchen in Großbritannien, sich 2004 entschloss, unter neuer Flagge zu segeln, wählte man den Namen »Affinity« [Verbundenheit].

Es scheint, als habe das Wort »evangelikal« ein PR-Problem: Alle fürchten sich davor, was es für die Außenwelt bedeuten könnte.

Der amerikanische Pastor und Soziologe Tony Campolo erzählte mir, dass er das Gefühl hat, der Name lässt bei vielen die Alarmglocken schrillen. Somit stünde er der Verkündigung des Evangeliums im Weg. Campolo arbeitet derzeit mit einigen Leuten daran, uns als Alternative hierfür »Rote-Schrift-Christen«[82] anzubieten. (Der Name bezieht sich auf die rote Hervorhebung, die in manchen Bibelausgaben für die wörtliche Rede Christi verwendet wird.)

Der britische täuferische Gemeindegründer Stuart Murray-Williams würde sich zwar als evangelikal bezeichnen, gesteht aber zugleich, dass er die Bezeichnung als befremdlich empfindet. Sein Dilemma ist nur, dass ihm keine bessere Alternative einfällt.[83] Überraschenderweise zweifelt sogar der Anglikanische Erzbischof von Sydney, Peter Jenson, daran, dass das Wort »leicht rehabilitierbar für die Außenwelt« sei, weil es »säkularen Menschen keinen Wert vermittelt«. Trotz allem diene es als »Sammelplatz für eine bestimmte Sorte von Christen.«[84]

Neben diesen bekannteren Personen gibt es unter den jüngeren Mitgliedern eine wachsende Anzahl, die den »evangelikalen Glauben« zunehmend für irrelevant oder sogar lästig halten. Ihnen missfällt, wie der Konservativismus sie ausbremst, sie sind von den Gottesdienstformen gelangweilt und längst nicht mehr von der verkürzten moralischen Agenda überzeugt. Bei den regelmäßigen Diskussionen über Sexualität zucken sie zusammen und fragen sich, warum ihre Kirchenoberhäupter nicht auch gegen Ungerechtigkeit auf die Straße gehen.

Abgesehen davon gibt es natürlich auch Nischen im Gemeindeleben, wo gerade junge konservative Evangelikale den stärksten Zuwachs erleben. Es liegt also nicht immer am Alter.

Als evangelikale Christen haben wir die Wahl: Entweder wir starten ein weltweites Preisausschreiben nach einem besseren Namen, der unsere merkwürdigen Besonderheiten beschreibt. Oder wir arbeiten gemeinsam daran, die verzerrten Vorstellungen abzubauen, die wir zum Teil selbst zu verantworten haben. Und dann rehabilitieren wir den eigentlichen Sinn von »evangelikal«: Gute Nachricht für die Welt.

Mit den folgenden Überlegungen möchte ich dafür plädieren, den Namen zu behalten:

- Das Wort »evangelikal« hat denselben Wortstamm wie das biblische Evangelium und bedeutet damit »Gute Nachricht«. Es ist also kein frei erfundenes Kunstwort, sondern besitzt theologisches Gewicht und Authentizität.

- Der Name blickt auf eine lange und reiche Tradition zurück. Wie bei einer Matrjoschka kann man Stück für Stück eine Bewegung entdecken, die in der Vergangenheit für politische Reformen und soziales Engagement gekämpft hat und dazu Erweckungen, Evangelisationen und Verkündigung, Wissenschaft und Gebet erlebt hat. Und genauso gehören moralische Überzeugungen dazu, die die Gesellschaft vor Schaden bewahren wollen.

- Es ist das erste Wort, das einem in den Sinn kommt, wenn man an packende Evangeliumsverkündigung und Menschen denkt, deren Leben sich verändert. Die christusgeprägte Erneuerung und Umgestaltung des menschlichen Lebens ist eng mit dem Begriff »evangelikal« verknüpft.

- Es wäre ein Fehler, den Namen fallen zu lassen, weil es heute so viele Leute gibt, die sich als evangelikale Christen verstehen und auch als solche strategische Positionen in der Gesellschaft bekleiden. Unter ihnen sind Berater, Minister, Fernsehmoderatoren, Partner von lokalen Behörden, Umweltschützer, Aktivisten und Leiter von Nichtregierungsorganisationen, die gegen das Unrecht auf der Welt kämpfen. Evangelikale Christen sind bei weltweiten Kampagnen wie *Jubilee 2000* (in Deutschland: *Erlassjahr 2000*) und *Make Poverty History* (in Deutschland: *Deine Stimme Gegen Armut*) eine der zentralen Kräfte gewesen. Mit der *Micah Challenge* (in Deutschland: *Micha-Initiative*) werden diese Bemühungen fortgeführt (in 34 Ländern der Erde und von den Vereinten Nationen und dem globalen Kampagnennetzwerk *Global Call to Action Against Poverty* anerkannt).

- Die Evangelikalen stellen einen der Hauptwachstumsbereiche der weltweiten Christenheit. Vor einiger Zeit erklärte der britische Statistiker Peter Brierley, dass es im Grunde zwei religiöse Strömungen gebe, die derzeit Wachstum verzeichnen: der Islam und die Evangelikalen. Die *Los Angeles Daily News* verkündete 2004, dass fast zwanzig Prozent der Bevölkerung lateinamerikanischer Herkunft evangelikale Christen seien. Die Dachorganisation der Evangelikalen in Afrika, die *Association of Evangelicals in Africa* (AEA), spricht von 80–120 Millionen Menschen, die sie repräsentiert.[85] Und die Weltweite Evangelische Allianz vertritt rund 420 Millionen Christen in 128 Ländern. Das bedeutet, evangelikale Christen machen 6,5 Prozent der Weltbevölkerung aus.[86]

- In den zwanzig Jahren, die ich in evangelikalen Kreisen verbracht habe, konnte ich eine sich stetig verbessernde Akzeptanz durch den Rest der Christenheit feststellen. Wir sind heute akzeptierter als jemals zuvor. Das liegt auch an unserer Entwicklung und unserem Wachstum. In Großbritannien zählt sich ein Drittel der Mitglieder im »House of Bishops«, einem Leitungsgremium der Generalsynode der Church of England, zu den Evangelikalen. Ein Drittel aller britischen Gottesdienstbesucher sind evangelikale Christen. Eine Studie aus dem Jahr 2005 hat gezeigt, dass von den einhundert am schnellsten wachsenden amerikanischen Gemeinden 93 evangelikalen Charakter haben.[87] Glaubt man der Untersuchung der Barna-Gruppe aus dem Jahr 2006, dann bezeichnen sich 38 Prozent der Amerikaner – also etwa 84 Millionen Menschen – als »evangelikal«.[88] Es gibt nur noch sehr wenige ökumenische Bewegungen, die sich nicht um gute Beziehungen mit evangelikalen Kirchen bemühen oder sie bereits haben.

- Die evangelikale Forschung ist inzwischen aus den Kinderschuhen der 1930er und 1950er Jahren entwachsen. Sie hat weltbekannte Wissenschaftler und akademische Institutionen hervorgebracht.[89] Stephen Holmes, Dozent am Theologischen Seminar der St. Andrew's University, beschreibt die evangelikale akademische Welt als »präsent und intellektuell robust. [...] Wer sich mit ihr beschäftigt, weiß, dass sie glaubwürdig und seriös ist.«[90]

- Die Bibel ist unsere Leidenschaft. Wir sind eher gewillt als andere, sie wörtlich zu nehmen. Eine zu strenge Auslegung kann natürlich zu biblischer Naivität führen. Aber insgesamt gesehen haben Evangelikale einen gesunden Respekt vor dem Wort Gottes und gestehen ihm Autorität, Macht und den Bezug zum realen, persönlichen Leben zu. Wenn der christliche Glauben das einbüßen sollte, ist alles verloren.

- Als evangelikale Christen stellen wir die Herrschaft Jesu in den Vordergrund und versuchen, ihm in allen Lebensbereichen einen zentralen Platz einzuräumen. Ein ahistorischer Christus, der nur »im Glauben« existiert, ist mit dem evangelikalen Glauben nicht vereinbar. Jesu Jungfrauengeburt, sein Leben, seine Lehre, sein Tod und die Auferstehung sind untrennbar mit evangelikaler Glaubensauslegung verbunden.

- Evangelikale sind hochkreativ! Der Unternehmergeist, mit dem sie sich im achtzehnten und neunzehnten Jahrhundert in die Mission, den Abolitionismus und die Verbreitung der Guten Nachricht gestürzt haben, ist auch heute noch gesund und munter. Hinter einigen der effektivsten und einfallsreichsten Missionsprojekten und Events weltweit stecken evangelikale Köpfe. Fast ohne Ausnahme gehören die international in den Medien bekannt gewordenen Pastoren und Prediger zum evangelikalen Spektrum. Ob nun zu Recht oder nicht: Sie nutzen das mediale Angebot, weil sie davon überzeugt sind, dass sie etwas zu sagen haben.

All diese Punkte sind von großer Bedeutung. Möglicherweise ist die Außenwirkung unseres Namens nämlich gar nicht so belastet, wie es sich von innen her anfühlt! Die Gefahr besteht, dass wir ihn zu einem guten Teil deswegen abstoßen wollen, weil nicht-evangelikale Christen solch ein Problem mit ihm haben. Ich habe viel Zeit in der Begegnung auf ökumenischer Ebene, aber auch in »säkularen« Kreisen verbracht. Dass »liberale« Christen unsere Standpunkte in Bezug auf Frauen in Leitungspositionen und Homosexualität befremdlich und unsympathisch finden, ist mir bewusst. Aber abgesehen von einem gewissen Teil der säkularen Presse, der den Unterschied zwischen »evangelikal« und »Tele-Evangelist« nicht kennt, sind die meisten Leute dem Begriff gegenüber neutral.

Die Barna-Gruppe hat ermittelt, dass 22 Prozent der Amerikaner den Evangelikalen gegenüber positiv eingestellt sind, 23 Prozent negativ. Das bedeutet, es bleiben 55 Prozent, die noch in die eine oder andere Richtung überzeugt werden können.[91] Die britische Hilfsorganisation *Tearfund* führte 2005 zwei ähnliche und umfangreiche Untersuchungen für Großbritannien durch: 52 Prozent der Leute waren neutral eingestellt, 19 Prozent positiv, 17 Prozent waren sich unsicher. Nur zwölf Prozent hatten evangelikalen Christen gegenüber eine negative Einstellung.

Es ist hilfreich, sich bewusst zu machen, dass wir unsere eigenen Unzulänglichkeiten viel stärker wahrnehmen als andere. Wer einen Pickel auf der Nase hat und den ganzen Tag an nichts anderes denkt, bildet sich irgendwann ein, alle anderen Fahrgäste im Bus könnten es kaum erwarten, zuhause der ganzen Familie davon zu erzählen!

Seien wir ehrlich: Niemand wird eine treffendere Bezeichnung für die theologischen, moralischen und auf Erneuerung ausgerichteten Merkmale finden, die uns als evangelikale Christen ausmachen. Ich habe bisher noch niemanden gefunden, der Campolos Alternativvorschlag wirklich für praktikabel hält.[92] Tom Wright antwortete mir diesbezüglich: »›Evangelikal‹ ist doch eins der besten Wörter, die es auf der Welt gibt!« Der britische Theologieprofessor Alistair McGrath, dessen Wirkungskreis sich ebenfalls auch auf die USA erstreckt, war derselben Meinung: »Mir fällt kein passenderes Wort ein.« Der Internationale Direktor der Weltweiten Evangelischen Allianz, Geoff Tunnicliffe, bestätigte, dass er auf all seinen Reisen noch nirgendwo eine bessere Alternative gehört habe.[93]

In Sambia nennen sich die Pfingstler lieber »evangelikal« als »charismatisch«.[94] Wenn man sich überlegt, dass »Evangelium« auf Portugiesisch *evangelho* und auf Spanisch *el evangelio* heißt, dann gibt es für 80 Millionen Menschen in Lateinamerika »kein Entrinnen aus diesem Wort«.[95]

Weil so viel in unserem Namen steckt, haben wir nicht wenig zu verlieren. Und wofür »evangelikal« im einundzwanzigsten Jahrhundert stehen wird, dafür sind – mehr als jeder andere – wir selbst, die Evangelikalen, verantwortlich.

Fragen zum Nachdenken und Diskutieren

1. Welche Gründe sehen Sie hinter dem Bestreben einiger evangelikaler Gruppierungen, die Bezeichnung »evangelikal« abzulegen? Was halten Sie selbst von diesem Namen?
2. Eine Möglichkeit besteht darin, eine bessere Bezeichnung zu finden, die unsere Identität und das, was uns von anderen Kirchen unterscheidet, beschreibt. Ist Ihnen eine gute Alternative hierfür begegnet oder haben Sie selbst Vorschläge?
3. Der Autor vertritt die Auffassung, dass es ratsam wäre, die verzerrten Vorstellungen auszuräumen und den Namen zu behalten. Welche Gründe führt er dafür an? Können Sie seine Argumentation verstehen? Teilen Sie seine Meinung?
4. Im Kapitel weist der Autor darauf hin, dass innerhalb der Christenheit die evangelikalen Kirchen zur Zeit am schnellsten wachsen. Fallen Ihnen neben den genannten Zahlen noch andere Beispiele ein, die diese Behauptung untermauern? Trifft das auch auf Ihr Umfeld zu? Wenn nein, wer verzeichnet hier das stärkste Wachstum?
5. Die Vermutung wird angestellt, dass möglicherweise Evangelikale sich am meisten an ihrem Namen stören, während Nichtchristen ihm tendenziell gleichgültig gegenüberstehen. Was meinen Sie dazu? Wie schätzen Sie die Menschen in Ihrer Umgebung ein? Was könnten wir tun, um die Art und Weise, wie wir wahrgenommen werden, zu verbessern?

8

An den linken Flügel

Evangelikale Christen in Kategorien einzuordnen, ist schwierig. Wer wohin genau gehört, darüber lässt sich streiten. Jeder betrachtet seinen Standpunkt als ausgewogen; außerdem kommt es darauf an, wo man selbst steht, wenn man eine Einteilung vornimmt.

Damit die nachfolgenden Anregungen verständlich und hilfreich sind, will ich kurz erläutern, wen ich mit »linker Flügel« meine. Das sind evangelikale Christen, die von den Grundfesten unseres Glaubens fest überzeugt sind: Die Bibel ist Gottes inspiriertes Wort an die Menschheit; Jesus Christus ist die endgültige Offenbarung Gottes, und die angeborene Sündhaftigkeit, die uns von ihm trennt, kann nur durch den Tod Jesu am Kreuz überwunden werden. Der Anteil derer, die sich im weitesten Sinn als »linksevangelikal« betrachten, ist in den evangelischen Landeskirchen vermutlich höher als in den meisten Freikirchen.

Die christliche Ethik ist ihnen im Allgemeinen ein großes Anliegen. Dass die Themen Sexualität und Abtreibung dabei jedoch so stark überbetont werden, sorgt bei ihnen für Unmut und Scham. Ihre bevorzugte Stoßrichtung ist soziales Engagement und politischer Aktivismus gegen die weltweite Armut und Ungerechtigkeit. Das Wohlstandsevangelium verabscheuen sie.

Christen aus dem linken Flügel haben Schwierigkeiten mit vorgeschriebenen Kirchenstrukturen, die nur eine eindeutige Form der Zugehörigkeit gestatten. In neuen und alternativen Kirchenformen fühlen sie sich wohl. Auch klösterlichen Formen der Spiritualität, die auf das Innere zielen und liturgisch organisiert sind, sprechen sie zu. Das Hin und Her der Ökumene empfinden sie als überflüssig – sie fühlen sich in einem multikonfessionellen Rahmen nicht fehl am Platz. Manchmal tragen sie ihre Inklusivität stolz auf der Zunge, haben dafür aber eine Antenne für die Gesellschaft und dafür, wie Evangelikale auf ihre Umwelt wirken. Frauen als Bischöfinnen oder Pastorinnen bereiten ihnen kein Kopfzerbrechen. Von ihnen hat man keine Schelte zu befürchten, wenn man einmal den Gottesdienst am Sonntag für einen Kinobesuch sausen lässt!

Von denen, die ihrer Meinung nach durch ihre Antihaltung, unfreundlichen Einstellungen und starren Lehren Evangelikale in schlechtes Licht rücken, sind sie entnervt (und beziehen sich dabei im Normalfall auf die konservativen Evangelikalen, den rechten Flügel). Das Verhältnis zu den Evangelikalen in der Mitte ist unterschiedlich gut ausgeprägt.

An der Bezeichung »evangelikal« liegt ihnen nicht übermäßig viel.

Jeder, der diesen Text liest, wird mindestens eine Person kennen, die sich dem linken Spektrum zuordnet, aber auf die die genannten Kategorien überhaupt nicht zutreffen. Ich habe ja gesagt, es ist nicht einfach.

Der linke Flügel der Evangelikalen ist wegen des Namens »evangelikal« besorgt. Ihre erste Assoziation ist ein religiöser Club für Menschen über Fünfzig: Ergraute Männer in dunklen Anzügen, die sich ewig mit Entscheidungen schwer tun, die sowieso niemanden interessieren. Obwohl sie diejenigen gemäßigten Glaubensgeschwister, die sie persönlich kennen, durchaus mögen, sind Evangelikale für sie im Prinzip Christen von gestern. Eine bessere Bezeichnung als »evangelikal« fällt ihnen zwar auch nicht ein, aber ehrlich gesagt sehen sie dafür auch keine Notwendigkeit: »Christ« genügt völlig. »Jesus-Nachfolger«, oder englisch »Follower of Christ« ist noch besser.

Der zweite Grund, warum ihnen der Begriff »evangelikal« nicht gefällt, hängt damit zusammen, dass sie ihn zum Teil auf der Grundlage der verbreiteten Zerrbilder beurteilen. Die radikale und veränderungsreiche Geschichte, die hinter der evangelikalen Bewegung liegt, ist ihnen weitgehend unbekannt: der selbstlose Einsatz für Arme, Kinder und Sklaven; der Kampf um Bildungsmöglichkeiten und bessere Arbeitsbedingungen; der prägende Einfluss auf die Demokratie in Großbritannien und Nordamerika.[96] Sie wissen wahrscheinlich nicht, dass etwa die britische Labour-Partei ihre Entstehung auch auf evangelikale Einflüsse zurückführen kann. Unter anderem war Keir Hardie – der Gründer der Partei – nach seiner Bekehrung durch den amerikanischen Evangelisten Dwight Moody eine zeitlang Mitglied der schottischen Evangelischen Union.[97]

Drittens: Die Gläubigen im linken Flügel neigen dazu, sich von der Bezeichnung »evangelikal« zu distanzieren, weil sie einfach mit dem evangelikalen Fundamentalismus nicht zurechtkommen. Die endlosen Diskussionen über Homosexualität schrecken sie ab. Worum genau sich die theologische Debatte dreht, ist nicht unbedingt wichtig – was zählt, ist, dass sie selbst schwule und lesbische Bekannte haben und deswegen die ganze Aufregung peinlich finden. Was sie als wenig hilfreiche und fast aggressive Homophobie der Evangelikalen in Australien, Nigeria und Großbritannien empfinden, macht sie wütend. Sie können es nicht verstehen, wenn evangelikale Christen gegen Gesetzesreformen protestieren, die Gleichheit für alle als Ziel haben. Mit Fundamentalisten wollen sie absolut nichts zu tun haben!

Über die, die nur über den Verfall der Sexualmoral reden, aber zu Fragen der Gerechtigkeit schweigen, können sich die evangelikalen Christen im linken Flügel schnell aufregen. Sie halten dieses Auftreten schlichtweg für heuchlerisch.

Viertens: Evangelikale linker Prägung haben eine geringe Toleranzschwelle bei gesellschaftlicher Ablehnung. Es scheint, als wäre für sie jede Form des christlichen Glaubens mangelhaft, die Christen in Konflikt mit der Gesellschaft sieht. Und weil im evangelikalen Glaubensverständnis derartige Konflikte so häufig aufzutreten scheinen, muss daran etwas merkwürdig sein. Was in Wirklichkeit selbst merkwürdig ist. Tatsache ist nämlich, dass eine stigmafreie Kirche mit ziemlicher Sicherheit in Schwierigkeiten mit Gott steckt. Oder wie man so schön sagt: »Wer sich mit der Kultur von heute vermählt, kann morgen schon verwitwet sein.«

Wer sich für seine Kirche schämt, sollte sich daran erinnern, dass sie oft gerade dann ihre besten Zeiten erlebt hat, wenn Bedrängnis ihre Energie und Hingabe verstärkten.

Solcherlei Verallgemeinerungen sind natürlich gefährlich und ich begebe mich damit auf dünnes Eis. Lassen Sie mich die Strafe mildern, indem ich eine Gruppe innerhalb des linken Flügels anerkenne, deren Existenz betonenswert ist. Ich meine damit die wachsende Anzahl evangelikaler Wissenschaftler, die mit ihren Beiträgen die traditionelle Sicht vieler Dinge zunehmend hinterfragen, vom Verständnis des Sühneopfers bis zum Wesen der Kirche. Diese Leute sind nicht einfach so nach links gerückt – es war eher eine wohlüberlegte und schrittweise Wanderung. Viele von ihnen treibt der aufrichtige Wunsch an, die Kirche in Kontakt mit der kulturellen Realität zu bringen.

Dort, wo eine theologische Diskussion entbrennt, geht es nicht nur um argumentative Theorie, sondern um die Frage: Wie kann man das den Menschen um uns vermitteln? Und das ist für die evangelikale Gemeinschaft gar nicht so verkehrt.

Die weltweite evangelikale Familie braucht ihren linken Flügel. Genau die Themen, die ihm besonders am Herzen liegen, müssen wir angehen, wenn wir die Bedeutung »Gute Nachricht« in »evangelikal« rehabilitieren wollen.

Hier sind einige Empfehlungen an alle, die sich links einordnen:

- Wenn Sie innerhalb der evangelikalen Umlaufbahn Ihren Dienst tun und Gottesdienst feiern, dann ist »evangelikal« auch die richtige Bezeichnung für Ihren Glauben. »Christ« allein ist zu schwammig und sagt wenig aus. Vergessen wir nicht, dass »Christ« zuerst als Schimpfwort gebraucht wurde![98] Ein »Jesus-Nachfolger« hört sich großartig an, aber ich kann mir vorstellen, dass sogar einige Hindus das auf sich beziehen.

- Ironischerweise können gerade die, die als liberal gelten und unseren Namen abstoßen wollen, am meisten dazu beitragen, unser reiches evangelikales Erbe zu neuem Leben zu erwecken. Radikalität, Reformbestreben, politischer Aktivismus und der Kampf für Gerechtigkeit gehörten fest zu unserem Kirchenprogramm, bis die Entwicklungen in den 1930er Jahren dazu führten, dass die Evangelikalen die Finger von sozialer Transformation ließen.

- Zweifellos ist es nicht leicht zu ertragen, mit hartgesottenen Evangelikalen in Verbindung gebracht zu werden, die sich nach Fundamentalisten anhören. In Australien und den Vereinigten Staaten sind mir evangelikale Christen begegnet, die deswegen unseren Namen scheuten, weil sie das Gefühl hatten, er wäre vom Fundamentalismus oder der »Moral Majority«-Agenda der Christlichen Koalition von Amerika (CCA) gekidnappt worden. Natürlich ist es lobenswert, dem Extremismus entgegenzutreten, wo immer man ihm begegnet. Aber das ist noch kein Grund, den Namen über Bord zu werfen. Manche glauben, in Jamaika gehe es nur um organisiertes Verbrechen und protzigen Schmuck – ich bin trotzdem stolz, Jamaikaner zu sein.

- Der linke Flügel braucht den rechten Flügel und die Mitte. Die Liberalen sollten den gewissenhaften Fleiß der Konservativen und ihre Betonung auf richtige Auslegung, Verkündigung und Bibelfestigkeit nicht gering schätzen. Im Gegenteil: Sie sollten ihre Bücher lesen und zu ihren Füßen sitzen und lauschen. Packende Geschichten sind nämlich kein Ersatz für eine geöffnete Bibel am Sonntagmorgen! Kirchen, in denen die Bibeln geschlossen bleiben, laufen Gefahr, irgendwann auch ihre Türen schließen zu müssen.

- Genauso brauchen wir die theologische Unruhe der liberalen Denker. Wir benötigen frische, neue Ansätze für unsere Kirchenstrukturen und die Art, wie wir Christus in der Öffentlichkeit präsentieren. Dringend müssen wir aus unserer evangelikalen Selbstgefälligkeit aufgerüttelt werden. Für Martyn Lloyd-Jones gehört zur Definition eines evangelikalen Christen »das Prinzip der Diskontinuität.«[99]

Abgesehen davon sollten sich alle evangelikalen Christen bewusst machen, dass sie Teil unserer Geschichte sind und zu allen anderen Evangelikalen gehören. So können wir vermeiden, einer neuen Religion anheim zu fallen: der Jagd nach der neusten Kirchenform. Wenn wir der Vergangenheit komplett entsagen, verlieren wir nicht nur unsere gesammelte Weisheit, sondern kommen womöglich noch auf den Gedanken, echte Kirchen gäbe es erst seit gestern und wir seien der neue Petrus. Das wäre wohl für niemanden gut.

Es bleibt dabei: Die Geschichte ermöglicht uns den besten Blick in die Zukunft.

Fragen zum Nachdenken und Diskutieren

1. Wie werden in diesem Kapitel evangelikale Christen definiert, die dem linken Flügel zuzurechnen sind? Stimmen Sie mit dieser Art der Beschreibung überein?
2. Warum besteht hier eine gewisse Nervosität bezüglich des Begriffs »evangelikal«?
3. Wie würden Sie die Hinweise und Vorschläge des Autors an den linken Flügel zusammenfassen? Hätten Sie noch mehr hinzuzufügen?
4. Warum braucht der linke Flügel die Mitte und auch den rechten Flügel?
5. Versuchen Sie Beispiele dafür zu finden, welche wertvollen Beiträge dieser Teil der evangelikalen Christen in der Kirche und auch für die breitere Gesellschaft leistet!

9

An den rechten Flügel

Evangelikale Christen in Kategorien einzuordnen, ist schwierig. Wer wohin genau gehört, darüber lässt sich streiten. Jeder betrachtet seinen Standpunkt als ausgewogen; außerdem kommt es darauf an, wo man selbst steht, wenn man eine Einteilung vornimmt.

Damit die nachfolgenden Anregungen verständlich und hilfreich sind, will ich kurz erläutern, wen ich mit »rechter Flügel« meine. Das sind evangelikale Christen, die von den Grundfesten unseres Glaubens fest überzeugt sind: Die Bibel ist Gottes inspiriertes Wort an die Menschheit; Jesus Christus ist die endgültige Offenbarung Gottes, und die angeborene Sündhaftigkeit, die uns von ihm trennt, kann nur durch den Tod Jesu am Kreuz überwunden werden. Der Anteil derer, die man dem »rechten Flügel« zuordnen könnte, ist in den vom Pietismus geprägten landeskirchlichen Gemeinschaften und Freikirchen besonders hoch. In pfingstlich-charismatischen Gemeinden dürfte die Mehrheit eher dem »rechten« als dem »linken Flügel« zuzuordnen sein.

Ihr Verhältnis etwa zum Wohlstandsevangelium ist zwiespältig: während manche es offensiv propagieren, lehnen andere es scharf ab.

Im Allgemeinen halten sie an einer traditionellen christlichen Ethik fest. Unverblumt treten sie gegen Homosexualität und Abtreibung ein und verurteilen diese öffentlich als Sünde. Ihr bevorzugtes und unterstütztes Lebensmodell ist das der Kernfamilie. An sozialem und politischem Aktivismus, der sich gegen globale Armut oder Ungerechtigkeit wendet, nehmen sie nur sehr zurückhaltend teil. Sie fürchten, damit in eine »Social Gospel«-Schiene zu geraten, bei der soziales Engagement über der Verkündigung der Guten Nachricht steht.

Evangelikale Christen aus dem rechten Flügel mögen vorgeschriebene Kirchenstrukturen, die nur eine eindeutige Form der Zugehörigkeit gestatten. In neuen und alternativen Kirchenformen fühlen sie sich im Allgemeinen unwohl. Klösterliche Formen der Spiritualität kommen für sie nicht in Frage. Die Ökumene lehnen sie als einen theologischen Kompromiss ab und fühlen sich auch in einem multikonfessionellen Rahmen unbehaglich. Manchmal tragen sie ihre Exklusivität stolz auf der Zunge, und einige zeigen lebhaftes Interesse daran, die Gesellschaft zu kritisieren. Sie sind bereit, mit ihrem Glauben in der Welt anzuecken und dafür Spott und Hohn zu ertragen. Das Thema Frauen als Bischöfinnen oder Pastorinnen sorgt bei ihnen für Spannungen, manche sind auch entschieden dagegen. Wenn man den Gottesdienst am Sonntag für einen Kinobesuch sausen ließe, würden sie das ordentlich missbilligen!

In ihren Werten, Lehren und ihrem Widerstand sind sie kompromisslos. Dass evangelikale Christen dadurch in Verruf geraten können, nehmen sie in Kauf. Verkündigung, die inspiriert ist und sich auf Auslegung der Bibel konzentriert, hat bei ihnen einen sehr hohen Stellenwert.

Engagiert verfechten sie unsere evangelikale Identität und sind nicht selten ungehalten darüber, wie diese vom linken Flügel scheinbar beschädigt wird. Für deren lehrmäßige Ungezwungenheit haben sie kein Verständnis. Das Verhältnis zu den Evangelikalen der Mitte ist unterschiedlich gut ausgeprägt.

Wissen Sie, schon während dieser Charakterisierung sind mir Leute eingefallen, die sich dem rechten Flügel zuordnen würden, aber auf die die genannten Kategorien überhaupt nicht zutreffen. Ich habe ja gesagt, es ist nicht einfach.

Als evangelikale Christen verdanken wir unseren Schwestern und Brüdern im rechten Flügel eine ganze Menge. Sie waren wichtige Wegbereiter dafür, dass sich die evangelikale Glaubensrichtung entwickeln und behaupten konnte. Im achtzehnten und neunzehnten Jahrhundert kämpften sie erbittert gegen die Säkularisierung und liberale Theologie und verteidigten orthodoxe Standpunkte, auf deren Grundlage die moderne evangelikale Bewegung gedeihen konnte. Sie wurden dafür von ihren theologischen Kontrahenten belächelt und zur Randschicht erklärt. Der rechte Flügel der Anglikanischen Gemeinschaft oder der Baptisten beispielsweise hat in einer ganzen Reihe von Themen intellektuelle Knochenarbeit geleistet – von der biblischen Autorität bis zur Sexualität. Wenn Sie also auf der Suche nach einer fundierten Verteidigung des evangelikalen Standpunkts bei einem dieser Themen sind: Besser als diese Leute wird es niemand hinbekommen.

Neben der gründlichen Forschungsarbeit haben diese Gläubigen überaus große Beiträge zu Verkündigung und Lehre geleistet. Als Kinder der Moderne lieben sie vernunftbetontes Denken. Auch der privilegierte Hintergrund, aus dem viele von ihnen stammen, hat ihr Mitwirken an der evangelikalen Glaubenskultur geprägt.

Sie sind der alte Hüter des evangelikalen Glaubens. Bevor die Pfingstler und Charismatiker auftauchten, oblag ihnen die Bewahrung all dessen, wofür die Bezeichnung »evangelikal« steht. In den vergangenen dreißig Jahren hat jedoch ein umfassender Wandel eingesetzt: Die evangelikale Gemeinschaft wächst am stärksten bei Pfingstlern und Charismatikern auf der Südhalbkugel unserer Erde. Und diese pochen genauso auf das Recht, Evangelikale genannt zu werden.

Durch Christen mit verschiedensten kulturellen, geistlichen und theologischen Ansichten, die inzwischen zur evangelikalen Familie gehören, hat sich der Druck auf die evangelikale Rechte stark erhöht: Sie hat die Berechtigung verloren, als einzige das Gütesiegel für ordnungsgemäßen evangelikalen Glauben zu vergeben. Aus diesem Grund wird in diesem Lager am häufigsten die Frage »Was ist ein Evangelikaler?« laut.

Im weitesten Sinne konzentriert sich das konservative Bestreben des rechten Flügels auf drei Themenbereiche: Theologie, Moral und Politik. Dabei werden sie von Fall zu Fall von der breiten Masse aus der Mitte unterstützt. Mit den Linken ziehen sie jedoch äußerst selten an einem Strang.

Theologisch gesehen nähert man sich im rechten Flügel den Fragen des Glaubens aus der Perspektive des sechzehnten Jahrhunderts. Als im zwanzigsten Jahrhundert viele dieser Fragen in theologischen Debatten neu verhandelt werden mussten – Fragen über Jesus, die Bibel, die Erlösung und die Kirche –, wurden sie stets vor dem Hintergrund der Reformation beantwortet. Für den evangelikalen Glauben ist das ein vielfacher Gewinn: Die konservativen Kräfte erinnern uns ständig daran, woher wir kommen, und helfen uns, den theologischen Kern unseres Wesens nicht zu vergessen.[100]

Allerdings sind ihre Ansichten nur bedingt nützlich, um zu beschreiben, wohin Gott uns führen will oder was inzwischen aus uns und unserem Auftrag geworden ist. Von den Reformatoren oder den evangelikalen Denkern des neunzehnten Jahrhunderts kann uns niemand erklären, wie Gott das unglaubliche Wachstum der Pfingst- und charismatischen Bewegung zuwege gebracht hat. Um diese Fragen zu ergründen, brauchen wir Verstärkung aus der Mitte, und sogar aus dem linken Flügel.

Eine theologische Überlegenheit, die auf der Voraussetzung »wir waren als Erste da« beruht, ist wenig hilfreich. Das ist dasselbe, als wenn römisch-katholische Christen behaupteten, ihre Kirche wäre die einzig Wahre, weil sie Petrus vor uns kannten.

Wenn der Begriff »evangelikal« wieder Gute Nachricht verkörpern soll, dann muss die evangelikale Rechte einen wichtigen Beitrag dazu leisten, betont Tom Wright: Sie muss darauf achten, dass »das Außergewöhnliche, das wir präsentieren, das Kreuz ist, und nicht etwa unsere Subkultur.«[101]

Die konservativen Moralvorstellungen des rechten Flügels gründen sich auf ihre biblischen Überzeugungen. Hier lassen sich der rechte Flügel und die Mitte nicht sauber trennen – in moralischen Fragen stimmen sie oft überein. Die Agenda ist klar definiert: Der Fokus liegt auf der Unverletzlichkeit menschlichen Lebens und auf heterosexuellem Geschlechtsverkehr im Rahmen der Ehe. Bedenkt man den Einfluss der Medien, dann ist es keine leichte Aufgabe gewesen, diese Themen auf positive Weise einzubringen, ohne gesellschaftsfeindlich zu wirken.

Allzu oft lassen unsere Predigten, Lehrmethoden und politischen Aktionen, die wir innerhalb unserer moralischen Agenda in Angriff nehmen, einen Mangel an Liebe erkennen. Wir versteigen uns in eine Sprache, die es nicht schafft, der Welt eine *gute Nachricht* zu vermitteln. Wenn sich unsere Aktivitäten in Protesten und Gegenkampagnen erschöpfen, glaubt uns kein Mensch, wenn wir gleichzeitig beteuern, das alles aus Liebe zu tun. Und so kommt es, dass die meisten es genauso wenig für bare Münze nehmen, dass Gott sie liebt. Mit unserer Stimme in der Öffentlichkeit vermögen wir zwar Leute zusammenzutrommeln, Programme ins Leben zu rufen und Spenden zu generieren – gerade über die moralische Agenda lassen sich das mittlere und rechte Lager leicht aktivieren. Aber von unseren Moralvorstellungen haben wir die Welt nicht überzeugt. Unter anderem liegt das daran, dass wir dabei völlig versäumt haben, Jesus Christus in der Öffentlichkeit als glaubwürdigen Kandidaten zu etablieren.

Wenn der rechte Flügel die Hälfte seiner Energie und Finanzen dafür aufwenden würde, kreative Lösungen zu erarbeiten, wie man Christus wirklich als Gute Nachricht präsentieren kann, dann würden vielleicht auch mehr Leute seinen Argumenten Gehör schenken.

Was ist also zu tun? Sollen wir unsere moralischen Standpunkte aufgeben? Absolut nicht. Aber vielleicht sollten wir uns mit dem Gedanken anfreunden, dass es in der liberalen Demokratie von heute genügen könnte, unser Anliegen einmal klar und deutlich zu kommunizieren und anschließend sichtbar stehen zu lassen. Es muss möglich sein, nicht in jeder Situation das Lamento von vorn zu beginnen, sondern auch einmal über etwas Anderes zu reden.

Wie sieht es mit dem politischen Engagement aus? Hier stimmt der rechte Flügel häufig mit der Mitte überein. Die Menschen um uns herum haben längst bemerkt: Diejenigen, die die Stimme gegen Homosexuelle erheben, fehlen dafür bei Aktionen, die sich für die Umwelt oder die Bekämpfung der Armut einsetzen. Sie engagieren sich nur sehr zögerlich für ihr Wohnviertel und können das sogar theologisch begründen. Der Rektor der anglikanischen St. Thomas-Kirche in Sydney schreibt: »Man muss schon einen doppelten Salto rückwärts machen, um aus Matthäus 25 ein Sozialprogramm herauszuholen.«[102]

Natürlich sind Evangelikale jeder Couleur dazu aufgerufen, den Begriff »evangelikal« zu rehabilitieren und ihm seine ursprüngliche Bedeutung wieder zu verleihen. Aber wenn wir diese Aufgabe erfolgreich bewältigen wollen, dann hat der rechte Flügel eine dringliche Agenda abzuarbeiten. Und ein Großteil davon muss sich im Licht der Öffentlichkeit abspielen, dort, wo die größte Kontaktfläche zwischen der Gesellschaft und uns besteht.

- Es ist dringend nötig, dass wir unsere politische Debatte über unsere moralische Agenda hinaus ausdehnen und uns auch anderen ethischen Fragen widmen. In punkto Moral haben wir bis jetzt alle Schlachten verloren. Wir verlieren diesen Krieg. Das trifft vor allem auch auf die Vereinigten Staaten zu, wo die Christliche Koalition von Amerika (CCA) keinen Durchbruch erzielen konnte – selbst als die Republikaner für längere Zeit das Heft in der Hand hatten. Eine Umfrage hat ergeben, dass Haushalte in den USA, die aus verheirateten Paaren bestehen, zum ersten Mal in der amerikanischen Geschichte die Minderheit stellen: Mehr als 51 Prozent aller Frauen leben inzwischen allein.[103] In Europa lassen sich ähnliche Trends beobachten. Wir sollten uns nicht von unserer moralischen Agenda lösen und sie verraten, aber es hat solange wenig Sinn, sie lautstark zu vertreten, bis die Menschen wieder bereit sind, zuzuhören.

- Wir müssen unser Vokabular in Wort und Schrift dringend überarbeiten, weil es Christus verdreht und in schlechtes Licht rückt. Einmal hat mir ein sozialpolitischer Berater erzählt, er bekäme genauso viele unausstehliche Briefe zum Thema Homosexualität von evangelikalen Christen wie von ihrer Gegnerschaft, der Schwulen-Lobby.

- Lassen wir gemeinsam diese »Moral Majority«-Herangehensweise hinter uns. Ich habe noch keinen Politiker, Journalisten oder sonst eine Person getroffen, die der Meinung war, »Moral Majority« wäre ein Synonym für Jesus Christus. Politisch gesehen ist das Konzept baden gegangen. Auch sonst hat es nicht geschafft, die Kirche als etwas Gutes für die Welt zu kommunizieren, dabei braucht sie so dringend mehr davon. Legen wir dieses Ethos ein für alle Mal zu den Akten.

- Der rechte Flügel hat es sich angewöhnt, in der Öffentlichkeit richtend aufzutreten. Wir müssen aber einen Weg finden, den Menschen zu verdeutlichen, dass Gott der Richter allen

Lebens ist, ohne uns selbst zum Richter aufzuspielen! »Eine effektive missionarische Existenz«, sagt Dr. Chris Wright, »die nachhaltig wirkt und Gute Nachricht ist, kommt ohne aggressive und diffamierende Wertungen der Weltanschauung anderer Leute aus (siehe Apostelgeschichte 19,36).«[104] Wenn eine bekannte evangelikale Persönlichkeit aus den Vereinigten Staaten 2005 öffentlich für einen Mordanschlag auf Venezuelas Präsidenten Hugo Chavez wirbt, ist das ein herber Rückschlag für unseren Rehabilitierungsversuch.

- Eine völlig unkritische Unterstützung Israels im Nahostkonflikt ist genauso fehl am Platz. Man kann durchaus – wie viele evangelikale Christen – davon überzeugt sein, dass Gott sein Volk nach Israel zurückgeführt hat, aber muss nicht gleichzeitig jedes Unrecht Palästinensern gegenüber gutheißen. Wir sind dazu aufgerufen, unter Gebet für einen Lösungsweg einzutreten, der Israel Sicherheit und den Palästinensern Gerechtigkeit verschafft – schließlich gibt es 1,5 Millionen Christen unter ihnen!

  Wir müssen lernen, wie man biblische Prophezeiungen mit politischer Gerechtigkeit verbindet. Das gelingt uns nicht immer gut. Aber wir können es uns genauso wenig wie Amos und Micha leisten, angesichts der Ungerechtigkeit einfach wegzuschauen. Wer unbesehen und kritiklos auf der Seite Israels steht, begeht genau diesen Fehler.

  Reisen ins »Gelobte Land« zu unternehmen, ist eine Sache. Ich selbst habe immens davon profitiert. Am Sicherheitswall zu stehen und sich mit palästinensischen Brüdern und Schwestern zu unterhalten, die viel Leid ertragen müssen, ist etwas ganz anderes. Kein Evangelikaler sollte Israel besuchen, ohne diese Erfahrung zu machen.

  Damit möchte ich keineswegs das schreckliche Leid unter den Teppich kehren, das Israel von feindlich gesinnten Nachbarn zugefügt wurde, die nur auf seine Zerstörung aus sind. Ich nehme die Selbstmordattentäter nicht in Schutz.

Aber »evangelikal« darf nie gleichbedeutend mit blauäugiger Unterstützung Israels werden. Gerade weil es uns viel bedeutet, welchen Weg Gott sein Volk führt, sollten wir umso mehr darum bemüht sein, ihm auf den gerechten Weg zu helfen.

- Zu guter Letzt: Wir müssen uns klar machen, dass es wichtiger ist, den Menschen um uns zu dienen, als unsere Rechte als gesellschaftliche Minderheit zu hüten. Das Schlimmste, was wir Christen in der post-christlichen Gesellschaft einbüßen könnten, wären nicht unsere religiösen Freiheiten – es wäre das Recht, ihr zu dienen.

Fragen zum Nachdenken und Diskutieren

1. Wie charakterisiert der Autor Christen, die zum rechten Flügel gehören? Was halten Sie von seiner Beschreibung? Würden Sie daran etwas ändern?

2. Welchen positiven Beitrag hat dieser Teil der evangelikalen Christen schon geleistet?

3. Der Autor weist darauf hin, dass »allzu oft unsere Predigten, Lehrmethoden und politischen Aktionen, die wir innerhalb unserer moralischen Agenda in Angriff nehmen, einen Mangel an Liebe erkennen lassen. Wir versteigen uns in eine Sprache, die es nicht schafft, der Welt eine *gute Nachricht* zu vermitteln.« Ist diese Einschätzung gerechtfertigt oder falsch? Fallen Ihnen Beispiele dafür ein?

4. Im Kapitel wird die Empfehlung ausgesprochen, unseren Standpunkt in wichtigen moralischen Fragen zwar nicht aufzugeben, aber nicht in jeder Situation das Lamento von vorn zu beginnen, sondern auch einmal über etwas Anderes zu reden. Halten Sie das für eine gute Idee? Warum? Warum nicht? Zu welchen anderen Themen sollten wir uns äußern?

5. Stimmt es, dass Evangelikale sich in der Vergangenheit in der Öffentlichkeit als Richter aufgespielt haben? Wie können wir es schaffen, den Menschen zu verdeutlichen, dass Gott der Richter allen Lebens ist, ohne selbst zum Richterstab zu greifen?

10

An die »Mitte«

Evangelikale Christen in Kategorien einzuordnen, ist schwierig. Wer wohin genau gehört, darüber lässt sich streiten. Jeder betrachtet seinen Standpunkt als ausgewogen; außerdem kommt es darauf an, wo man selbst steht, wenn man eine Einteilung vornimmt.

Damit die nachfolgenden Anregungen verständlich und hilfreich sind, will ich kurz erläutern, wen ich mit der »Mitte« meine. Das sind evangelikale Christen, die von den Grundfesten unseres Glaubens fest überzeugt sind: Die Bibel ist Gottes inspiriertes Wort an die Menschheit; Jesus Christus ist die endgültige Offenbarung Gottes, und die angeborene Sündhaftigkeit, die uns von ihm trennt, kann nur durch den Tod Jesu am Kreuz überwunden werden.

Wie der rechte Flügel vertritt auch die »Mitte« konservative Werte und widmet sich aufmerksam den Fragen um Sexualität, Abtreibung und die Kernfamilie. Hier ist man davon überzeugt, dass soziales Engagement wichtig ist. Immer mehr Gläubige aus der Mitte nehmen am politischen Leben teil und engagieren sich für das Wohl der Ortsgemeinden. Bei globalen

Themen wie Armut oder Ungerechtigkeit sind sie eher zurückhaltend.

Evangelikale Christen aus der Mitte empfinden im Allgemeinen vorgeschriebene Kirchenstrukturen, die nur eine eindeutige Form der Zugehörigkeit gestatten, als normal. In neuen und alternativen Kirchenformen fühlen sie sich eher unwohl. Auch klösterlichen Formen der Spiritualität sprechen sie nur sehr selten zu. Mit wenigen Ausnahmen unterstützen sie die ökumenische Arbeit, fühlen sich in einem multikonfessionellen Rahmen aber nicht wirklich wohl. Sie vertreten einen verhalten inklusiven Standpunkt. Ihre Sensibilität für die Kultur und wie Evangelikale von außen wahrgenommen werden, ist zwar ausgeprägt, aber nicht ständig aktiv. Was Frauen als Bischöfinnen oder Pastorinnen betrifft, so gehen ihre Meinungen weit auseinander. Wer jedoch den Gottesdienst am Sonntag für einen Kinobesuch sausen lässt, darf nicht mit ihrem Wohlwollen rechnen.

Oftmals sind sie ungehalten über die, die ihrer Meinung nach die Evangelikalen durch ihre Antihaltung, unfreundlichen Einstellungen und starren Lehren in schlechtes Licht rücken.

Sie tragen das links-rechts-Gen in sich.

Den Namen »evangelikal« tragen sie ausnahmslos mit Freude.

Jeder, der diesen Text liest, wird mindestens eine Person kennen, die sich der Mitte zuordnen würde, auf die aber die genannten Kategorien überhaupt nicht zutreffen. Ich sagte ja schon, es ist nicht einfach.

Dass wir in der nächsten Zukunft auch weiterhin bei der Bezeichnung »evangelikal« bleiben werden, haben wir hauptsächlich der starken Mitte zu verdanken.

Im Allgemeinen teilen die Gläubigen der evangelikalen Mitte die Ansicht, dass Christen in ihrem Umfeld und auch in der Politik eine Aufgabe haben. Damit ist jedoch etwas ganz anderes als Parteiloyalität gemeint. Keine evangelische Allianz würde sich öffentlich zu einer einzigen Partei bekennen. Vielmehr suchen wir die Zusammenarbeit und den Dialog mit verschiedenen Politikern und politischen Entscheidungsträgern – oder sind zumindest offen dafür. Die große Nervosität in Bezug auf politisches Engagement, die mehr als drei Jahrzehnte lang die evangelikale Stimme verstummen ließ, wurde endlich auf dem Internationalen Kongress für Weltevangelisation 1974 in Lausanne überwunden, als sich die evangelikalen Leiter bewusst für einen solchen Einsatz entschieden. Seitdem hat sich die Zahl derer, die sich bewusst politischem oder sozialem Engagement verweigern, auf ein Minimum reduziert.

Diese Form der gesellschaftlichen Beteiligung ist allerdings nicht so neuartig, wie sie klingt. Sie ist eigentlich seit über zweihundert Jahren zentraler Bestandteil der evangelikalen Identität. Der Grad, bis zu dem »evangelikal« als Gute Nachricht rehabilitiert werden kann, hängt davon ab, wie ernst wir uns wieder unserem Auftrag widmen: Hoffnungsbringer in allen Bereichen des Zusammenlebens zu sein. Wenn soziales Engagement wieder integraler Bestandteil unseres Zeugnisses wird, dann wird es den Menschen viel leichter fallen, zu erkennen, dass Menschen des Evangeliums wirklich gute Nachricht bringen. Hier nun einzelne Personen hervorzuheben, die uns in dieser Richtung geprägt haben, wäre unklug. Eine Ausnahme sollte ich aber machen: John Stott.[105] Im Jahr 2005 wurde er in der *New York Times* als der »Erzbischof der Evangelikalen« bezeichnet. Zu großen Teilen ist es seinen Büchern zu verdanken, dass heute bekannte christliche Führungspersönlichkeiten ganz selbstverständlich für soziales Engagement eintreten. Viele von ihnen haben sich hierfür mit den jeweiligen Regierungen zusammengetan, zu denen sie persönliche Beziehungen unterhalten.

Wenn von Evangelikalen millionenschwere Katastrophen- und Entwicklungshilfe geleistet wird oder sie sich um die Bedürfnisse Obdachloser in ihrem unmittelbaren Umfeld kümmern, dann wird »evangelikal« zu einer guten Nachricht.

Im Oktober des Jahres 2006 saß ich unter der sengenden Sonne im Watoto-Kinderdorf in der ugandischen Stadt Suubi. Mit zweitausend anderen Zuhörern lauschte ich Mother Maggis Bericht, wie sich ihr Leben dank Watoto verändert hatte. Mit sechsundfünfzig kümmerte sie sich hier um mehr als 560 Kinder, die durch AIDS zu Waisen geworden waren. Gemeinsam mit ihren drei eigenen Kindern war sie zuvor zu einer Ausgestoßenen geworden, als ihr Mann an AIDS starb und auch bei ihr die Krankheit diagnostiziert worden war. Von ihren Verwandten wurden sie und die Kinder nur die »wandelnden Leichen« genannt. Und nun stand sie hier auf einem Hügel über Kampala und versprach, noch tausend Kinder großzuziehen, weil sie die Zukunft von Uganda sind. »Wir sind keine wandelnden Leichen mehr«, sagte Maggi, »wir sind Gesegnete.«

Das ist die Art von Guter Nachricht, mit der »evangelikal« synonym werden sollte!

Die Mitte hat die Macht, das öffentliche Engagement ihrer Leiter entscheidend zu fördern – oder zu hemmen. Im Normalfall stehen sie jedoch hinter denen, die sich zwar auf dem festen Fundament des evangelikalen Glaubens bewegen, ab und zu aber bereit sind, Risiken einzugehen. Sie sind wie der Wetterhahn: Er dreht sich mit dem Wind, ist aber fest auf dem Kirchendach verankert. Wenn sich ihnen neue Erkenntnisse präsentieren, die nicht von oben herab, sondern im Miteinander kommuniziert werden, sind sie bereit, andere Wege zu gehen. Das resultiert in der wunderbaren Eigenschaft, einen festen Stand zu haben und zugleich offen für Neues zu sein.

Auch wenn sie sich mit ökumenischen Beziehungen nicht immer wohl fühlen, sind Evangelikale aus der Mitte im Allgemeinen damit einverstanden, wenn jemand in dieser Richtung auf Entdeckungsreise geht. Manchmal sind sie auch selbst mit von der Partie, picken sich die Rosinen aus liberalen und traditionellen Standpunkten heraus und prüfen sie anhand ihres eigenen Bibelverständnisses und ihrer bevorzugten christlichen Medien. Dabei achten sie darauf, keine Persönlichkeiten und »Berühmtheiten« über ihre eigenen biblischen Überzeugungen zu erheben. Egal, wie großartig sie jemanden finden: Erzählt er zum wiederholten Male Humbug, wird er weggeschaltet.

Werden sie in moralischen und theologischen Fragen unter Druck gesetzt, reagieren sie mit konservativer und zum Teil sogar rückschrittlicher Gegenwehr. Dann halten sie sofort an den alten Programmen fest. Sie mögen zwar in Europa die Labour-Partei oder die Christlich-Sozialen wählen und in den USA die Demokraten, aber das sagt nichts über ihr moralisches Votum aus. Homosexualität, Abtreibung und außerehelicher Geschlechtsverkehr sind schlichtweg nicht richtig. Auch wenn manche selbst aus kaputten Familien stammen, stehen sie für ein intaktes Familienleben ein. Glücksspiel und derbe Schimpfwörter sind für sie im Normalfall nicht in Ordnung.

Die evangelikale Mitte hat außerdem keine Angst davor, anderen Menschen zu sagen, was sie für wichtig und richtig hält. Für öffentliche Kampagnen, die ihre moralischen Werte vertreten, lassen sich evangelikale Christen aus der Mitte mobilisieren – oder zumindest ihre Unterstützung gewinnen.

Ihre Gemeinde oder Kirche schätzen sie sehr. Für viele von ihnen – zumeist diejenigen über fünfzig – ist sie ihr Leben! Wegen ihrer moralischen und theologischen Zurückhaltung sind sie natürlich zu keiner geistlichen Revolution bereit; einen Stillstand streben sie aber genauso wenig an. Das bedeutet, sie erwarten vom Gemeindeleben einen vorhersehbaren, aber stetigen Fortschritt – sonst wird es ihnen zu langweilig. Viele haben inzwischen evangelikalen Kirchen den Rücken gekehrt, um anderswo geistige Anregung zu suchen. Auf der einen Seite zeigen sie hohe Toleranz gegenüber dem, was in der Kirche geschieht, auf der anderen Seite haben manche ihre Loyalität gegenüber einer Konfession verloren. Es gibt nicht wenige, die nach einer Station bei der Brüdergemeinde und den Baptisten und einer Stippvisite bei der reformierten Episkopalkirche und den Pfingstlern nun entweder noch zu den unabhängigen Charismatikern oder Methodisten wandern, eine zeitlang Zuhause bleiben oder den ganzen Reigen von vorn beginnen! Das sind so genannte eklektische Evangelikale.

Mehr als alles andere ist die evangelikale Mitte vorsichtig, was theologische Experimente angeht. Hier werden traditionelle Standpunkte zur Jungfrauengeburt, zur Inspiriertheit der Bibel und dem Kreuzestod vehement verteidigt. Das geschieht allerdings längst nicht mehr auf der Basis des Anti-Intellektualismus des neunzehnten Jahrhunderts, sondern es steckt erstklassige Forschung und selbst erarbeitetes Wissen dahinter. Gerade in jüngster Zeit haben Erkenntnisse aus pfingstlerischen und charismatischen Kreisen sehr wertvolle Beiträge zum evangelikalen Glaubensbild geleistet. Auf der anderen Seite ist hier niemand der Meinung, erst mit einem Doktortitel dürfe man seine Meinung zu bestimmten Themen äußern. Man braucht sich nur einmal christliches Radio- und Fernsehprogramm mit Hörerbeteiligung zu Gemüte führen, um sich davon zu überzeugen! Hier scheut sich niemand vor kniffligen Themen, nur weil er nicht auf der theologischen Hochschule war.

Die evangelikale Mitte, die das Kräftespiel von links und rechts in der Balance hält, spielt eine unabdingbar wichtige Rolle bei der Rehabilitierung des evangelikalen Begriffs. Auch hier hat man nicht das Recht gepachtet, über die richtige evangelikale Identität entscheiden zu dürfen. Aber genau hier, auf dem Dreh- und Angelpunkt zwischen liberal und konservativ, findet sich der Zugang für die Menschen um uns herum, das Evangelium wieder als das zu entdecken, was es ist: eine gute Nachricht!

Hier ist der Ort, wo evangelikale Christen des einundzwanzigsten Jahrhunderts zu aktiven Bürgern werden können, die beispielsweise in der Frage nach Menschenrechten mit gutem Beispiel vorangehen. Hier wartet eine große Anzahl von Christen darauf, zu lernen, wie man in Palästen wohnt, ohne seine Seele an die Kultur zu verkaufen.[106] Wenn die Verantwortlichen in den evangelikalen Gremien sich das zur Aufgabe machen würden, dann könnten diese Leute die hohe Kunst des christlichen Kompromisses lernen: schlau wie die Schlange, harmlos wie die Taube.[107]

Man muss die Evangelikalen aus der Mitte nicht erst davon überzeugen, dass Kirche eine gute Idee ist – das leben sie längst. Sie können sich mit Begeisterung für Veränderungen einsetzen, ohne die Notwendigkeit einer sich regelmäßig versammelnden Gemeinde über Bord zu werfen. Sie sind flexibel genug, um neue Formen und Ideen von Kirche ohne sofortige Verurteilung zu begrüßen. Das Problem der Mitte sind die fehlenden Leiter, die ihren Kirchenmitgliedern helfen, von passiven Gottesdienstgängern zu aktiven Multiplikatoren der Guten Nachricht zu werden.

Eine gute Nachricht vorweg: Die Liebe zur Kirche hat bereits das Bewusstsein dafür geweckt, dass sie in der Welt eine wichtige Rolle spielen kann. Nicht nur die Leiter von Mega-Kirchen wie Bill Hybels oder Rick Warren sind davon überzeugt, dass die »Kirche die Hoffnung der Welt ist«. Diese Sicht ist ansteckend geworden! Schon heute bauen Tausende von Ortsgemeinden an einer missionarischen Existenz, unterstützen nationales und kommunales Sozialengagement und pflegen lebendige Verkündigung. Die Balance zwischen dem liberalen und konservativen Pol verleiht ihnen die nötige Flexibilität und die passende Infrastruktur, um effektiv zu arbeiten.

In der Mitte zu sein, heißt nicht, lauwarm zu sein. Hier schlummert das größte Potenzial für das Rehabilitierungsprojekt! Laut Philip Yancey, dem bekannten Autor, hat diese Erneuerung in vielen Regionen der Welt heute schon eingesetzt: »Wenn ich von meinen Reisen zurückkehre und die Berichte über US-amerikanische Evangelikale in Zeitschriften wie *Time* oder *Newsweek* lese, macht mich das traurig. Viele Amerikaner halten uns für einen monolithischen Wählerblock, der auf einige wenige Moralthemen versessen ist. Dabei verpassen sie die Lebendigkeit, den Enthusiasmus und den Gehalt an Guter Nachricht, für den der Begriff ›evangelikal‹ in vielen Teilen der Welt steht.«[108]

Fragen zum Nachdenken und Diskutieren

1. Was zeichnet im Gegensatz zum linken und rechten Flügel die evangelikale Mitte aus? Mit welchen Eigenschaften würden Sie sie beschreiben?
2. Welche Beispiele für »Gute Nachricht« fallen Ihnen ein, mit denen Evangelikale in Verbindung gebracht werden sollten? In welchen Bereichen könnte der evangelikale Glaube gleichbedeutend mit guter Nachricht werden?
3. Wie stehen Ihrer Meinung nach die Evangelikalen aus der Mitte zu ihrer Kirche? Warum haben manche ihr den Rücken gekehrt?
4. Der Autor weist der evangelikalen Mitte eine zentrale Rolle bei der Rehabilitierung des Begriffs »evangelikal« zu. Was könnte er dabei genau im Sinn haben?
5. Wie stehen Sie zu der Aussage, »viele Amerikaner halten uns für einen monolithischen Wählerblock, der auf einige wenige Moralthemen versessen ist«? Ist sie zutreffend? Warum? Warum nicht? Wie sehen uns die Menschen in anderen Teilen der Welt?

11

Die Gute Nachricht – eine Nachlese

Als ich zum ersten Mal die Idee äußerte, dass man den Begriff »evangelikal« rehabilitieren und mit seiner ursprünglichen Bedeutung füllen sollte, löste das eine Menge an Diskussionen unter den Freunden, Angestellten und dem Leitungsgremium der britischen Evangelischen Allianz aus. Die meisten waren von dem Vorhaben begeistert; andere fragten sich, ob so etwas überhaupt möglich sei. Viele betonten, dass es ein harter Weg sein würde. Es gab aber fast niemanden, der der Meinung war, wir sollten es lieber nicht versuchen. »Evangelikal« bedeutet nun mal »Gute Nachricht«! Und weil die Menschen außerhalb der Kirche dringend gute Nachrichten brauchen, ist es unsere Pflicht, einen Versuch zu starten.

Die oberflächlichen Kategorien der letzten drei Kapitel waren grobe Verallgemeinerungen, mit deren Hilfe ich einige verbesserungswürdige Zustände herausgearbeitet habe, denen wir uns widmen sollten, wenn wir unser Ziel erreichen wollen. Die Beziehungen zwischen den einzelnen Polen basieren auf einem fein abgestimmten Zusammenspiel. Im Allgemeinen sind wir in moralischen Fragen eher traditionell, bei soziopolitischen Fragen eher mittig bis liberal aufgestellt. Die Spannung, aus der eine intelligente Mitte erwächst, beruht nicht zuletzt darauf, wie der linke und rechte Flügel miteinander umgehen und aufeinander reagieren.

Kein Zweifel: Die evangelikale Familie ist ein komplexes Gefüge. Aber wir gehören alle zusammen.

Einheit ist daher unabdingbar.[109] Manche sind zwar der Meinung, einige Evangelikale würden Einheit *über* biblische Wahrheit stellen und jeden Kompromiss eingehen, nur um nach außen hin einig zu wirken. Aber diese Sicht ist in Wirklichkeit selbst alles andere als biblisch. Einheit *ist* eine biblische Wahrheit.[110] Und diese Einheit basiert in erster Linie auf unserem Glauben an Gott, unserer Beziehung zu Jesus Christus durch die Vergebung der Sünde und auf unserem Bekenntnis zur Wahrheit und Autorität von Gottes Wort.[111] Biblische Wahrheit ist sowohl etwas Persönliches als auch etwas, das auf logischen Aussagen beruht.

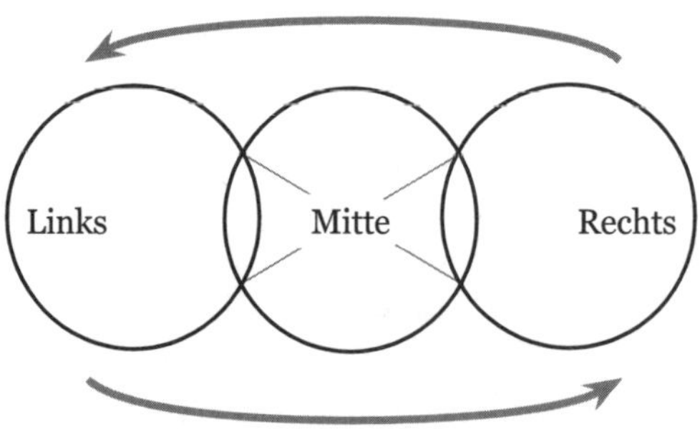

Im Übrigen sollte man unsere Einheit nicht danach beurteilen, ob wir an alles auf dieselbe Art und Weise herangehen. Verschiedene Methoden dürfen uns nicht auseinander treiben. Obwohl wir die Aufregung der »progressiven« Evangelikalen gut gebrauchen können, sollten sie sich bewusst sein, dass sie den Rest von uns genauso brauchen, wenn ihnen nicht eine Überdosis an Neuheiten zu Kopf steigen soll. Wir brauchen den konservativen Anker, solange den traditionsorientierten Evangelikalen klar ist, dass ein Anker eine ziemliche Last sein kann, wenn man an Fahrt gewinnen will. Die Mitte ist vonnöten, um die Einheit zu bewahren, wenn es zu Scharmützeln zwischen den Parteien kommt.

In einer Sache sollten wir uns alle einig werden: Das Evangelium ist eine Gute Nachricht, die jedoch nicht bedeutet, dass wir den Menschen erzählen, Gott sei ihr argloser Kumpel, von dem sie nichts zu befürchten haben! Martin Luther hat gesagt: Man muss Gott erst als Feind kennen, bevor man ihn als Freund kennen kann. Evangelikale Christen werden daher immer sagen: Die Gute Nachricht des Evangeliums beginnt mit Umkehr und Reue.[112] Aber sie hört dort nicht auf. Gott ist stets zu Sündern gnädig gewesen, und das sollte auch für uns gelten. Begegnen wir den Menschen von einer positiven Warte aus – mit einer guten Nachricht –, dann sind sie womöglich eher bereit, auf uns zu hören, wenn es um ihre Fehler und Sünden geht. Jesus brachte seine Zuhörer nicht allein zur Umkehr, sondern lehrte und berührte sie auf dem Weg dorthin.[113]

Ich bin überzeugt: Wenn wir wirklich als Gute Nachricht in der Welt wahrgenommen werden *wollen*, können wir es auch schaffen. Das soll nicht bedeuten, dass gerade die Medien, deren Hauptgeschäft die Konfrontation ist, dabei kein enormes Hindernis darstellen werden. Die Medien zu scheuen, ist aber keine Alternative. Diesen Luxus können wir uns in einer von Medien gesteuerten Welt nicht leisten. Stattdessen müssen wir das Handwerk des Umwerbens lernen. Wir müssen mehr *Empathie* entwickeln und weniger *Empörung*. Die Menschen müssen merken, dass uns ihr Schmerz nicht egal ist. Für diesen Ansatz hat sich seinerzeit der amerikanische Theologe Francis Schaeffer stark gemacht. Er war »eine seltene Führungsperson, die für Verständnis und Einfühlungsvermögen Nichtchristen gegenüber eintrat, im Gegensatz zu Abgrenzung und Widerspruch.«[114]

Wollen wir Gute Nachricht sein, sollten uns die Menschen nicht mit unseren Kampagnen, sondern mit Jesus Christus in Verbindung bringen. Wenn das misslingt, dann haben wir unseren Auftrag nicht erfüllt. Unser Auftrag ist nicht, Pluspunkte in der Politik oder der Öffentlichkeit zu sammeln. Wir sollen der Gesellschaft Christus als glaubwürdigen Erlöser zeigen, und unverkennbar zu ihm gehören. Genau das ist der Grund, warum die Heiden die Nachfolger Christi »Christen« nannten! Das Evangelium ist untrennbar mit Christus verknüpft. Er ist die gute Nachricht![115] Der Begriff »evangelikal« darf dem »Evangelium« nicht im Weg stehen und den Menschen die Sicht auf Jesus Christus nicht verstellen.

Selbst wenn am Ende die Rehabilitierung nicht erfolgreich sein sollte: Den Versuch ist es auf jeden Fall wert. Und wenn es stimmt, dass 6,5 Prozent der Weltbevölkerung evangelikale Christen sind, was würde sich auf dieser Welt wohl bewegen, wenn 20 Prozent aller evangelikalen Kirchen sich ernsthaft folgenden Fragen widmen: *Was heißt es, gute Nachricht zu sein?* und *Was heißt es, gute Nachricht in die Tat umzusetzen?*

An einer Mauer der anglikanischen Kirche *Pip & Jay* in Bristol hängt eine Gedenktafel, auf der die folgenden Worte zu lesen sind:

Hier ruht Mrs. Ann Baskerfield
aus Leighton in der Grafschaft Bedford
gestorben am 1. Mai 1802 in Bristol
im Alter von 50 Jahren

Gutes tun war ihr Leben

Fragen zum Nachdenken und Diskutieren

1. Brauchen progressive und traditionelle Evangelikale einander? Wenn ja, warum? Wenn nein, warum nicht?
2. Welche Aussage trifft der Autor über die Medien und unseren Umgang mit ihnen? Welchen Rat würden Sie Christen geben, die mit Medien zu tun haben?
3. Der Autor schreibt: »Wollen wir Gute Nachricht sein, sollten uns die Menschen nicht mit unseren Kampagnen, sondern mit Jesus Christus in Verbindung bringen.« Wie könnte man diesen universellen Anspruch in der lokalen Umgebung umsetzen? Wie könnte man deutschlandweit herangehen?
4. Martin Luther soll einmal gesagt haben, man müsse Gott erst als Feind kennen, bevor man ihn zum Freund haben könne. Was sagt die Bibel dazu? Was halten Sie davon?
5. Welche Antwort würden Sie und Ihre Gemeinde auf die beiden Fragen am Ende des Kapitels geben: Was heißt es, gute Nachricht zu sein? Was heißt es, gute Nachricht in die Tat umzusetzen?

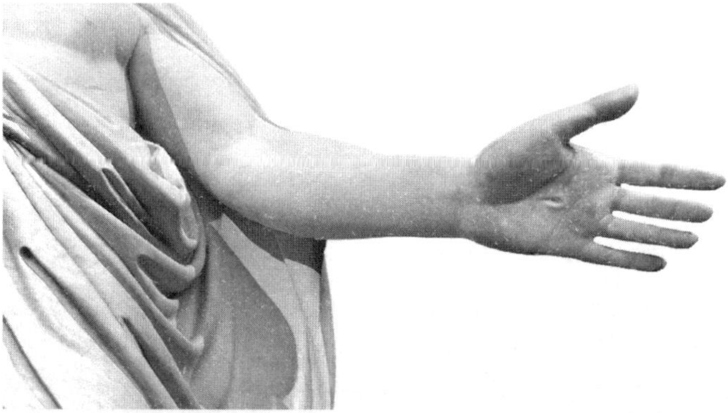

Teil 3

Sich an der geistlichen und sozialen Erneuerung der Welt beteiligen

»Das bedeutet aber, wer mit Christus lebt, wird ein neuer Mensch. Er ist nicht mehr derselbe, denn sein altes Leben ist vorbei. Ein neues Leben hat begonnen!«

2. Korinther 5,17, *Neues Leben*

Bewirkt die Gute Nachricht des evangelikalen Glaubens keine Erneuerung, dann ist es keine Gute Nachricht. Stellt sie das Leben von Menschen, Städten und Kommunen nicht auf den Kopf, dann ist Gottes Reich noch nicht wirklich vorgedrungen und hat keinen Fuß gefasst. Wenn unser Salz den faden Geschmack nicht besiegt und Würze hineinbringt, wozu ist es dann nütze?

Eine Erneuerung ist das zwangsläufige Resultat der Menschwerdung Jesu. Keiner derjenigen, die eine echte Begegnung mit Jesus hatten, war je wieder derselbe. Und sein Impuls beschränkte sich nicht nur auf Einzelne. Die Gesellschaft war verändert. Jesus trat in das Römische Imperium hinein, wo man leichtfertig mit dem Leben anderer Menschen umging, und verkündete sowohl Juden als auch Heiden, dass sogar jedes einzelne Haar auf ihrem Kopf gezählt sei! Jesus folgte den Regeln nicht, er schuf neue. Er ordnete sich den gängigen Werten nicht unter, er stellte neue auf.

Als Gottes Botschafter im einundzwanzigsten Jahrhundert sollen auch wir diesen Erneuerungsimpuls aussenden: Leben für Leben, Kultur für Kultur. Um das zu erreichen, müssen wir unsere Kritik an den derzeitigen Zuständen einmal hinten anstellen und uns vielmehr darauf konzentrieren, mit gutem Beispiel voranzugehen. Wenn wir eine Alternative zu unserer moralisch und sozial zersplitterten Gesellschaft haben möchten, dann sollten wir es sein, die sie in die Tat umsetzen. Fortan dürfen wir unsere Effektivität nicht mehr an der Mitgliederzahl der Kirchengemeinde messen – es zählt, welche Wirkung wir auf unsere Umgebung haben und wie radikal sich Menschen der Nachfolge Jesu zuwenden.

Was vor uns liegt, ist kein Kurzzeitprojekt. Es könnte sein, dass wir gerade einmal den Grundstein für die kommenden Generationen legen. Aber wir müssen damit anfangen. Unsere Gesellschaft geht auf dem Zahnfleisch – wir dürfen nicht länger warten!

12

Gott geht an die Öffentlichkeit

Vor knapp einhundert Jahren ließen sich die Evangelikalen einen Bären aus dem späten neunzehnten Jahrhundert aufbinden: Religion sei Privatsache und Gott liege nicht wirklich etwas an sozialem Engagement. Also überließen sie diesen Teil der christlichen Nachfolge den liberalen Christen und traditionellen Konfessionen wie den Katholiken, Anglikanern, Presbyterianern und der Heilsarmee. Als sich im Laufe der Zeit soziales Engagement zu einer neuen Art der Erlösung mauserte und als »Social Gospel«-Bewegung Fahrt gewann, zogen sich die Evangelikalen noch weiter zurück.

Erst in den 1970er Jahren setzte ein Umdenken ein. Die evangelikalen Kirchen erkannten, dass soziales Handeln kein Gegenteil, sondern Gegenstand und Ergänzung der Guten Nachricht war. Alistair McGrath drückt es so aus: »Die ›Social Gospel‹-Bewegung lag in den meisten Punkten falsch, aber in einem goldrichtig: ›Was Gott zusammengefügt hat, soll der Mensch nicht scheiden.‹«[116]

Inzwischen sind evangelikale Christen aller Couleur im öffentlichen Leben aktiv. Dort, wo das Engagement für das unmittelbare Umfeld noch zu wenig ausgeprägt ist, machen sie sich oft zumindest gegen den moralischen Verfall in der Gesetzgebung stark.

Die Gegensätzlichkeit von Glauben und sozialem Handeln ist am Aussterben. Unser geistliches Leben lässt sich also nicht länger von der Beteiligung am Weltgeschehen trennen. Und weil viele das begriffen haben, wird das Konzept der gesellschaftlichen Erneuerung unter evangelikalen Christen immer beliebter.

Was ist mit Erneuerung gemeint?

Evangelikale Christen sind keine Sozialingenieure. Wir glauben nicht an Veränderung, die nur durch das Herumbasteln an sozialen Verhältnissen erreicht wird. Die Erneuerung, die wir anstreben, beginnt mit einer persönlichen Begegnung mit Gott, weil sein Sohn unsere Sünden vergeben hat. Übrigens: Für die meisten der evangelikalen Missionen und Reformbestrebungen in der Vergangenheit war Evangelisation die treibende Kraft. Im achtzehnten und neunzehnten Jahrhundert haben wir so viel erreicht, weil uns ein regelrechter Hass auf die Sünde und das, was sie aus den Menschen macht, angetrieben hat. Der britische Kirchenhistoriker John Wolffe schreibt: »Soziale Transformation ist ein wesentlicher Bestandteil von Evangelisation, keine Alternative.«[117]

Die persönliche Errettung ist aber nur der Anfang.

Ein Christentum, das nicht mit dem einzelnen Menschen anfangen will, wird nie anfangen. Ein Christentum aber, das beim einzelnen Menschen stehen bleibt, wird bald zu Ende sein.[118]

Die Erneuerung gehört zu Gottes großem Plan: Vom Sündenfall im ersten Buch Mose bis zum endgültigen Sieg Christi in Offenbarung tritt Gott immer wieder als der in Erscheinung, dem die Veränderung von Menschen am Herzen liegt. Als Christen dürfen wir uns daran beteiligen, diesen Wunsch auch heute in die Tat umzusetzen.

Die Idee der Erneuerung ist keine Utopie. Sie legt uns auch nicht auf eine Interpretation der endzeitlichen Abfolge fest.

Wir tun auch nicht so, als könnten wir durch unsere Bemühungen eine perfekte Gesellschaft errichten. Aber uns schwebt eine Gesellschaft vor, in der durch unsere Gebete und unser Handeln zum einen noch mehr Menschen zum Glauben an Jesus Christus finden, und zum anderen das Reich Gottes Stück für Stück unsere kaputten Beziehungen durchdringt, für mehr Gerechtigkeit sorgt und unser menschliches Leben zum Erblühen bringt.

Hinter der Erneuerungsidee steckt eine simple Überzeugung: »Einige werden gerettet, aber allen kommt es zugute.«[119]

Wenn wir das schaffen wollen, müssen wir unser Selbstverständnis überdenken. Wir dürfen uns nicht länger nur als einzelne Nachfolger Christi, Gemeindeglieder, Gebetskämpfer oder auch als gute Evangelisten sehen. Wir sind christliche Bürger, die von der Kirche ausgestattet und ausgesandt sind, das Reich Gottes auf Erden voran zu bringen.

Erneuerung ist damit kein Zusatzprogramm, für das man sich entscheiden könnte. Es ist die Summe dessen, was Gott in der Welt vorhat – und wir dürfen dabei helfen![120] Der Blick in die Geschichte offenbart: Trägt unsere Arbeit nicht diesen Stempel, sind wir nicht zu erkennen. Ohne eine solche missionarische Geisteshaltung werden wir der Gesellschaft und uns selbst nicht gerecht. Fehlt sie, richten wir unseren Blick nach innen, betreiben theologische Haarspalterei und errichten Barrieren, die uns vor der Welt schützen sollen. Es ist, als würde man in der Feuerwache über die Raumgestaltung diskutieren, während die halbe Stadt brennt.

Wirklich etwas zu bewegen – und Gefangenen Freiheit zu verkünden –, sollte das Kennzeichen jeder evangelikalen Gemeinde sein. Es hat viel mehr Gewicht als die Frage, wer im Chor singt oder nach welchem Schlüssel das Budget für die einzelnen Bereiche verteilt wird.

Erneuerung schafft Hoffnung! Das ist es, was wir in den Rathäusern, Stadtteilprojekten und in der Regierung brauchen. Der amerikanische Buchautor Jim Wallis schreibt: »Sich für Hoffnung statt Zynismus zu entscheiden, ist ein Schlüssel für Politik und Moral unserer Zeit.«[121] Es lohnt sich, das ernst zu nehmen. Als ich mich vor einigen Jahren mit einem Polizeibeamten unterhielt, erzählte er mir, dass man in seinem Revier schon mit dem Leben spiele, wenn man in einem Nachtlokal den Eindruck erweckt, einem anderen Gast gegenüber respektlos zu sein. Ich wollte wissen, wieso die jungen Leute heute so verrückt sind. Seine Antwort ließ nicht lange auf sich warten: ein Mangel an Hoffnung und Perspektive.

Die Hoffnung, die von Erneuerung hervorgebracht wird, bricht sich auf vielerlei Weise Bahn. Es ist der kirchenferne Ehepartner, der sich vom Pastor zu einer Begegnung mit Jesus leiten lässt. Es ist das Abendmahl, das jemand am Sterbebett bekommt. Und tausend andere Dinge. In den vergangenen Jahren durfte ich mit der Organisation *Tearfund* nach Afrika reisen und mit *World Vision* Indien besuchen. Ich habe Hoffnung in Aktion gesehen. Hoffnung ist eine Kuh, die auf der Weide grast; ein Fischerboot nach dem Tsunami; ein roter Traktor, den sich mehrere Familien teilen. Hoffnung ist etwas Praktisches. Es ist Gottes Art, zu sagen: Das Leben geht weiter. Ich bin auch morgen noch Gott für alle Menschen.

Wenn wir uns der geistlichen und sozialen Erneuerung wirklich widmen, wird man uns nicht mehr danach identifizieren, wogegen wir protestieren. Man wird uns daran erkennen, wofür wir uns einsetzen: Für unser Umfeld, auf der Grundlage göttlicher Werte. Evangelikale sind sich dann selbst treu, wenn sie positiven Einfluss auf die Welt nehmen. Das ist genau das, wofür gute Nachricht steht.[122]

Wir dürfen nie der Vermutung anheim fallen, dass niemand unsere Bemühungen wahrnimmt. Der neue Vorstoß der Evangelikalen ist bereits gebührend gewürdigt worden. Es geschieht nicht ohne Grund, dass politische Verantwortungsträger in vielen Ländern Schlange stehen, um mit Gemeinden und Glaubensgemeinschaften zusammen zu arbeiten. Der ehemalige britische Premierminister Tony Blair sagte nach seinem historischen Wahlsieg 1997 bei einem feierlichen Rundgang: »Uns ist egal, mit wem wir zusammenarbeiten. Hauptsache, es bringt etwas!« Weil wir den Wunsch nach Erneuerung verspüren, wagen wir uns aus der Deckung, damit »es etwas bringt«.

In den USA ist man von verschiedener Seite aus auf das evangelikale Engagement aufmerksam geworden. Im September 2005 erschien in *Christianity Today* ein hervorragender Artikel eines jüdischen Menschenrechtsaktivisten, der feststellte, die Evangelikalen seien still und heimlich »die treibendste Kraft für Fortschritt bei den Menschenrechten« geworden.[123] In Afrika, Sri Lanka und Indien – um nur einige Beispiele zu nennen – sind Evangelikale aktiv in den Kampf um Menschenrechte und Religionsfreiheit involviert. Zur Zeit ihrer Blüte im achtzehnten Jahrhundert war die britische Evangelische Allianz ein Vorkämpfer für Religionsfreiheit. Heute hat die Kommission für Religionsfreiheit der Weltweiten Evangelischen Allianz offiziellen Status bei den Vereinten Nationen.

Am Ende des zwanzigsten Jahrhundert zeigte sich, wie stark wir inzwischen bei den größten und nachhaltigsten Kampagnen gegen Armut involviert sind: Für *Jubilee 2000* (in Deutschland: *Erlassjahr 2000*) setzten sich zwar weltberühmte Künstler wie Bono und Bob Geldof ein, begonnen hatte die Kampagne allerdings als Vision eines Mitarbeiters der britischen Hilfsorganisation *Tearfund*. Heute findet dieses Engagement bei *Make Poverty History* (in Deutschland: *Deine Stimme Gegen Armut*) seine Fortsetzung.

Seit ihrer Gründung am 17. Oktober 2004, den die Vereinten Nationen zum Internationalen Tag für die Beseitigung der Armut erklärt haben, hat sich die *Micah Challenge* (in Deutschland: Micha-Initiative) zu einem der bedeutendsten evangelikalen Projekte gegen die weltweite Armut entwickelt. Hier fordert man die Umsetzung der Millenniums-Entwicklungsziele ein, auf die sich die Vereinten Nationen geeinigt haben: ein Acht-Punkte-Programm, das bis zum Jahr 2015 extreme Armut auf der Welt halbieren will. Weil wir uns der

Bekämpfung der Armut widmen und für die Ärmsten der Armen eintreten, ist die evangelikale Gemeinschaft zu einem wichtigen Partner der einzelnen Regierungen geworden, dieses Programm auch umzusetzen.

Als ich das Länderbüro des Entwicklungsprogramms der Vereinten Nationen in Nairobi besuchte, wo man die Umsetzung der Millenniums-Entwicklungsziele in Afrika überwacht, sagte einer der Koordinatoren zu mir: »Wenn es die *Micah Challenge* auch in Afrika gäbe, hätte ich nur noch die Hälfte zu tun!« Nicht nur bei den Vereinten Nationen, sondern auch im Rahmen des globalen Kampagnennetzwerks *Global Call to Action Against Poverty* (GCAP) findet die Micha-Initiative Anerkennung, weil sie sich auf die Bekämpfung von Armut konzentriert und dabei immer enger mit den Regierungen der einzelnen Nationen zusammen arbeitet.

Die Micha-Initiative ist schon jetzt eine hervorragende Möglichkeit, als evangelikale Kirche auf eine Art und Weise positiv aufzutreten, die das einundzwanzigste Jahrhundert versteht.[124]

Wenn die Veränderung von Menschen und der Gesellschaft oberstes Ziel unserer Aktivitäten in den Gemeinden wäre, dann würde das alles beeinflussen, was wir tun.

Wie würden sich unsere Gottesdienste und die Predigten verändern?

Wie würden sich unsere Jugendgruppen und unsere sozialen Aktionen verändern?

Mit welcher Aussage würden wir die Besucher aus unseren Gottesdiensten entlassen? Würden sie mit neuem Mut und einem starken Bewusstsein für ihre Rolle in der Gesellschaft nach Hause gehen? Oder mit der Angst im Nacken, nicht bis zum nächsten Sonntag durchzuhalten?

Wie würden die Prioritäten in Bezug auf unsere Zeit, die angestellten Mitarbeiter und unseren Haushalt aussehen?

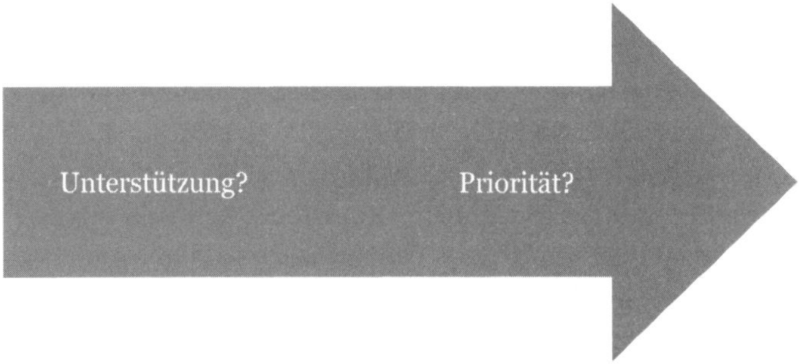

Sich dieser Aufgabe zu widmen, kann weit reichende Konsequenzen haben. Jede Gemeinde sollte in ihrer unmittelbaren Umgebung zur erneuernden Kraft werden, Verantwortung für ein paar Quadratkilometer um das Gebäude herum übernehmen und ihren Mitgliedern beibringen, wie man das auch am privaten Wohnort umsetzt.

Gott hat sein Versteck längst verlassen und ist in der Öffentlichkeit aktiv. Aber wir müssen die Menschen darauf hinweisen!

Fragen zum Nachdenken und Diskutieren

1. Der Autor stellt fest, dass die Gegensätzlichkeit von Glauben und sozialem Handeln zunehmend verschwindet. Unser geistliches Leben lässt sich nicht länger von der Beteiligung am Weltgeschehen trennen. Stimmen Sie dieser Aussage zu? Welche Gefahren birgt es, Glauben und soziales Handeln zu trennen? Welche Gefahren birgt es, die Trennung aufzuheben? Warum wird dieses Thema oft kontrovers behandelt?

2. Damit es zu echter Erneuerung kommen kann, behauptet der Autor, dürfen wir uns nicht länger nur als einzelne Nachfolger Christi, Gemeindeglieder, Gebetskämpfer oder auch als gute Evangelisten sehen, sondern als christliche Bürger, die von der Kirche ausgestattet und ausgesandt sind, das Reich Gottes auf Erden voran zu bringen. Was ist damit konkret gemeint? Welche Auswirkungen könnte eine solche Veränderung im Denken in Ihrer Gemeinde und ihrem lokalen Umfeld haben?

3. Der Autor schreibt: »Weil wir den Wunsch nach Erneuerung verspüren, wagen wir uns aus der Deckung, damit ›es etwas bringt.‹« Trifft das auf die Evangelikalen in Ihrer Gegend zu? Fallen Ihnen Beispiele dazu ein?

4. Evangelikale sollten eher dafür bekannt sein, *für* wen sie sich einsetzen, als dafür, *gegen* wen oder was sie sind. Womit verbindet man evangelikale Christen in Ihrem Umfeld?

5. Stellen Sie sich vor, in Ihrer Kirche wird die Erneuerung von Menschen und der Gesellschaft der grundlegende Maßstab für alles Handeln. Wie würde sich der Gottesdienst verändern? Die Predigt? Das Jugendprogramm und die sozialen Aktionen? Welche Auswirkungen hätte es auf Ihre persönlichen Prioritäten?

13

Was es heißt, evangelikale Bürger zu sein

Jüngerschaft und Nachfolge ist eins der Themen, bei denen den meisten evangelikalen Leitern klar ist, dass es auf den Tisch gehört. Und die Gemeinde weiß, dass sie genau zuhören sollte. Das einzige Problem ist nur, dass fast niemand es schafft, das Gehörte auch umzusetzen.

Es ist wahr: Jesus sandte zwölf Männer aus, um die ganze Welt zu Jüngern zu machen. Tragischerweise kommen wir mit unserem heutigen Zugang zur Jüngerschaft aber kaum über persönliche Glaubensprobleme hinaus. Unsere Beziehung zu Gott mag wachsen, wir beten mehr und lesen länger in der Bibel; im Normalfall werden wir aber kaum oder gar nicht zu einer Denkweise geführt, die die Erneuerung meines Nächsten zum Ziel hat. Wahre biblische Jüngerschaft hat jedoch von Natur aus etwas Erneuerndes an sich – in jeder Kultur, zu jeder Zeit.[125] Die Jünger in der Apostelgeschichte erlernten ihr Handwerk inmitten des wilden Treibens ihrer jeweiligen Kultur. An jeder Ecke wurden sie herausgefordert und gestählt. Heute haben wir es dagegen geschafft, eine Reihe von Systemen und Seminaren daraus zu machen, die sich nur innerhalb der Gemeinde abspielen.

Wer ein guter Bürger ist, dem ist es nicht egal, wie es den Menschen geht, die um ihn herum wohnen. Selbst wenn er ganz woanders geboren ist: Allein die Postleitzahl in der Adresse und die Steuerpflicht am Wohnort machen ihn zu einem gleichberechtigten Mitglied des jeweiligen Stadtteils oder Orts! Unsere Gemeindearbeit sollte sich nicht fernab der Menschen abspielen, die um uns herum leben, sondern mittendrin. Der kroatische Theologe Miroslav Volf schreibt: »Wandel im christlichen Sinn ist daher nicht etwas Neues, das in Altes eingepflanzt wird, sondern Neues, das aus dem Alten hervorbricht.«[126] Gute Nachricht soll sich inmitten all der schlechten Nachrichten entfalten und wirken.

Vor einigen Jahren saß ich im Auto und vertilgte gemeinsam mit meinen Kindern im Teenageralter eine üppige Mahlzeit von McDonald's. Neben uns parkte ein anderes Auto, dessen Insassen derselben Tätigkeit nachgingen. Obwohl der Wagen direkt neben einem Mülleimer stand, warfen sie ihr Einwickelpapier einfach aus dem Fenster. In mir stieg Wut auf. Was mussten das für Leute sein? Zugleich soufflierte mir jedoch eine innere Stimme, auszusteigen und den Müll einzusammeln. Ich war genauso verblüfft von mir wie meine Kinder, als ich diesem Drängen nachgab. Irgendetwas in mir hatte verstanden: »Du bist Teil des ganzen Schlamassels hier. Also beschwere dich nicht, hilf lieber mit, aufzuräumen.«

Wer sich als evangelikaler Bürger versteht, weiß, dass es wichtiger ist, dem Allgemeinwohl zu dienen, als lautstark auf seine religiösen Rechte zu pochen. Natürlich sollte man wie Paulus für seine grundlegenden Freiheiten als Bürger eintreten[127], aber sein Herzblut nicht mit dem öffentlichen Geschrei um »seine Rechte« verschwenden. Das tun genug andere Leute. Leidenschaft entwickelt ein evangelikaler Bürger vielmehr dafür, Menschen den Zugang ins Reich Gottes zu ermöglichen und seine Umgebung zum Guten zu beeinflussen! Wenn man so jemanden doch auf einer Protestveranstaltung erwischt, dann geht es höchstwahrscheinlich um die Rechte von jemand anderem.

Eine verantwortungsvolle Bürgerschaft stand immer im Zentrum einer geistlich geprägten Auseinandersetzung mit politischen Systemen. Daniel, ein Jude, legte als babylonischer Staatsbürger ein tadelloses Verhalten an den Tag. Wenn ihm seine Widersacher eine Falle stellen wollten, dann nur über seinen Glauben.[128] Als Jesus vor Pilatus gestellt wurde, war eine der Hauptsorgen des Statthalters, herauszufinden, wie Jesus dem Staat gegenüber eingestellt war: War er für oder gegen Rom? Den Ausschlag gab letztlich nicht das, was Jesus über seine Identität als Gottes Sohn sagte, sondern dass die Juden ihn als kaiserfeindlich hinstellten.[129] Und genauso erging es der Urgemeinde, die ständig bemüht war, zu zeigen, dass der Glaube an Christus sie zu Salz und Licht für die Gesellschaft gemacht hatte.

Eins der besten Argumente für das Überleben der Urgemeinde ist nicht allein, dass Gott auf ihrer Seite war – sondern die Christen auf der Seite der Gesellschaft. Tötet uns, sagten sie, und ihr verliert eure besten Bürger!

Mit einer solchen Mentalität geht es einem nicht in erster Linie um seine eigene Sicherheit, sondern um das Wohl der Umgebung. Als evangelikale Bürger treten wir nicht primär für Religionsfreiheit ein, sondern für Freiheit für jedermann. *Innerhalb* dieser Freiheit steckt das Recht, seine Religion auszuüben. Unter den Christen der ersten Jahrhunderte gab es ein Spezialteam, die *Parabolani*, die sich um das Gemeinwohl kümmerten – oft unter Einsatz ihres Lebens. Der Name bedeutet »sich in Gefahr stürzen«. Die Teilnahme an öffentlichen Veranstaltungen war ihnen zwar nicht gestattet, trotzdem waren sie Teil des öffentlichen Lebens.[130]

Charles Colson, ehemaliger Berater des US-amerikanischen Präsidenten Richard Nixon und evangelikaler Autor, schreibt: »Unser Auftrag ist nicht nur, an der Kirche zu bauen, sondern auch an der Gesellschaft. Beide sollen Gott verherrlichen.«[131]

Die Geschichte evangelikalen Engagements in Großbritannien zeigt: Oft entscheiden sich Menschen nicht allein aufgrund von Evangelisation dafür, Christus nachzufolgen, sondern auch als Folge dessen, dass die Kirche sich für die Bewältigung akuter gesellschaftlicher Probleme einsetzt.

Die missionarische Existenz als oberste Priorität der evangelikalen Kirchen brachte diese Kirchen dazu, alles daran auszurichten. Als Basisbewegung wurde sie somit zu einem effektiven Instrument für die Erneuerung sowohl einzelner Menschen als auch der Gesellschaft.

Hinter der Beteiligung am Kampf gegen die Sklaverei beispielsweise steckte nicht das heimliche Ziel, die Kirchenbänke zu füllen. Paradoxerweise führte aber gerade der Einsatz für Gerechtigkeit diesen Effekt herbei.[132]

Ein entscheidender Schlüssel hierfür ist der Dialog. Jesus, Paulus, die Apostel, die Urgemeinde: Alle waren sich im Klaren darüber, welcher Wert in sinnvollem Dialog mit den Behörden und Verantwortungsträgern liegt. Sogar während der Christenverfolgung bis zur Konstantinischen Wende versuchten die Leiter der Gemeinden, mit ihren römischen Verfolgern ins Gespräch zu kommen. Daher beschäftigen sich viele der neutestamentlichen Sendschreiben (vor allem Römer und die Briefe des Petrus) damit, wie man einen zeugnisreichen Lebensstil pflegt und mit seinen heidnischen Nachbarn in Kontakt tritt.

Wenn die Bürgerschaft zum Christsein dazugehört, dann wird es uns nicht länger genügen, zu protestieren, ohne auch eine gute Alternative anzubieten. Sowohl Josef als auch Daniel erlangten außerordentliche Bekanntheit und verantwortungsvolle Positionen, weil sie sich mit nützlichen Vorschlägen zu den Problemen ihrer Tage zu Wort meldeten. Jim Wallis ermahnt uns zu Recht: Protest ist nicht mehr genug.[133] Erst wenn die Menschen um uns herum wissen, dass wir grundsätzlich auf ihrer Seite stehen, werden sie das nicht vergessen, wenn wir einmal anderer Meinung sind.

Im Jahr 2004 veröffentlichte die Dachorganisation der amerikanischen Evangelikalen, die *National Association of Evangelicals in America* einen Aufruf zu mehr bürgerlicher Verantwortung unter evangelikalen Christen. Als Reaktion darauf schrieb der Journalist und zweifache Pulitzer-Preisträger Nicholas Kristof: »Der Dachverband der Evangelikalen hat es geschafft, sich neu zu erfinden: als eine Gruppe von Menschen, die mit allen Mitteln versucht, anderer Leute Leid zu lindern.«[134]

Als Christen zugleich verantwortungsvolle Bürger zu sein, heißt nicht, unsere Seelen zu verkaufen – sondern den Kern unserer Existenz neu zu entdecken! Wenn wir uns daran wagen, wird uns die Welt anders wahrnehmen. Die Idee, dass eine Ortsgemeinde so sehr in das Leben ihrer Umgebung involviert sein kann, dass sie tatsächlich Gutes bewirkt, hat bereits an vielen Orten gezündet. Es ist an uns, das Feuer anzufachen.

Ich möchte Ihnen eine Kirche im Herzen Londons vorstellen. Das Leitungsteam besteht aus drei Leuten. Zwei davon sind hauptamtlich angestellt, die Dritte ist außerdem Teilzeitlehrerin. Sie möchte unbedingt weiterhin in diesem Bereich tätig sein, weil sie das Gefühl hat, dort ihre primäre Berufung gefunden zu haben.

Besucher sind herzlich willkommen; jedes offizielle Mitglied der Kirche bekommt jedoch eine Art persönlichen Coach zugeteilt. Damit soll kein Druck ausgeübt, sondern ein persönlicher Dialog aufgebaut werden, der den Einzelnen im Gespräch mit der Gemeinschaft hält und voranbringt. Von jedem Mitglied wird erwartet, dass es in irgendeiner Form konkret zum Wohl seines Wohnumfelds beiträgt. Sich über dieses Engagement auszutauschen und gegenseitig zu ermutigen, ist der Hauptgrund für die Gemeinde, sich Woche für Woche zu sehen und gemeinsam Gott zu begegnen. Im wöchentlichen Mitteilungsblatt stehen solche Dinge wie zum Beispiel Tipps für einen energiesparenden Haushalt. Auf der Vorderseite prangt der

Slogan: »You're only in when you're out« [Nur wer nach draußen geht, darf drin bleiben] (Apostelgeschichte 1,8).

Aktivitäten, die nur die Gemeinde im Fokus haben, machen nie mehr als zwei Fünftel des Gemeindelebens aus. Dienste wie Frauenarbeit oder Männerarbeit, die zentral organisiert sind, werden bewusst vermieden. Es gibt keine wöchentliche Gebetsstunde. Stattdessen wird den Mitgliedern beigebracht, diese christlichen Gewohnheiten selbst in ihrem Alltag zu integrieren. Im Kirchenjahr gibt es mehrmals Gebetszeiten zu einem speziellen Thema, außerdem Veranstaltungen, die sich auf solche Art und Weise persönlichen und intimen Angelegenheiten widmen, dass sie in kein normales Seminarprogramm passen würden.

Sorgfältig achtet man in dieser Gemeinde darauf, dass sich die gemeindeinternen Aktivitäten auf die Weitergabe der Lehre, Gottesdienste und Seelsorge beschränken. Der Gottesdienst ist lebendig und offen für geistliche Gaben, die neue Einsichten für die missionarische Existenz der Gemeinde bergen. Der Wohlfühlfaktor hat im Gottesdienst seinen Platz, allerdings achtet die Gemeindeleitung darauf, dass darunter nicht das Verantwortungs- und Sendungsbewusstsein leidet. Predigten können die normale Dauer von vierzig Minuten haben, oft gibt es aber auch nur einen fünfzehnminütigen Aufruf, an den sich ein thematisches Interview anschließt. Darin wird das Thema noch vertieft und praktisch erläutert. Außerdem gibt es regelmäßig kurze Beiträge von Lokalpolitikern, vom Stadtrat, Verantwortlichen der Kommunen und der Polizei zu den aktuellen Problemfeldern der unmittelbaren Umgebung. Die lokalen Entscheidungsträger werden im Gottesdienst namentlich genannt und im Gebet getragen. Auch wenn es leicht umstritten ist, lädt die Gemeinde zur Sonntagspredigt ab und zu Vertreter anderer Konfessionen ein. Diese Gottesdienste werden mit viel Feingefühl gestaltet, um nicht den Eindruck einer Religionsvermischung zu erwecken. Im Anschluss wird häufig eine Fragestunde für die Gemeinde angeboten.

Die Jugend- und Kinderarbeit ist als eine Erweiterung der Schulwoche entwickelt worden. Kinder und Jugendliche lernen, wie man die Bibel versteht und wie sie in der Begegnung mit Andersgläubigen hilft. Für sie ist es nichts Besonderes, gelegentlich auch ihre Lehrer in der Gemeinde zu sehen. In einem speziell für Kinder und Jugendliche entworfenen Programm »Kleine Fragen – Große Fragen!« geht es um Themen wie Mobbing, Klebstoffschnüffeln oder Sex aus christlicher Perspektive. Obwohl das Material auf christlichen Werten basiert, richtet es sich an die Allgemeinheit und vielfältige Umgebung. Oft werden Kinder und Eltern, die nicht zur Kirche gehören, eingeladen. Eine Mutter, die der Einladung gefolgt ist, erzählte: »Ich wusste, dass es auch um Religion geht. Aber dafür war genau das Thema dran, worüber ich letzte Woche mit meinen Kindern beim Fernsehen gesprochen habe.«

Die Jugendlichen und jungen Erwachsenen knöpfen sich nicht selten aktuelle Kinofilme oder Fernsehserien vor und diskutieren sie aus christlicher Perspektive. Kürzlich ging es um das Thema: »Wie benutzerfreundlich ist *Friends*?« Durch die Diskussion führten zwei professionelle christliche Schauspieler.

Die Gemeinde hat zwar kein dramatisches Wachstum erlebt, aber es gibt einen steten Zustrom – hauptsächlich Menschen aus ihrem direkten Umfeld, die hier zum Glauben und ein geistliches Zuhause finden. Die Mitgliederzahl ist in den letzten fünfzehn Monaten von 243 auf 296 gewachsen, Tendenz steigend.

Ich bin ehrlich: Ich wüsste nicht, dass es diese Kirche in Wirklichkeit gibt. Aber genau so stelle ich sie mir vor.

Fragen zum Nachdenken und Diskutieren

1. Teilen Sie die Einschätzung, dass wir uns in Bezug auf unsere Nachfolge Christi fast ausschließlich um persönliche Glaubensentwicklung kümmern und die Erneuerung der Menschen um uns herum vernachlässigen? Welche Gründe könnte das haben? Fallen Ihnen Beispiele dafür ein?
2. Wie können wir in unseren Gemeinden Begeisterung dafür entfachen, dass man als Kirche in seiner Umgebung tatsächlich etwas bewegen kann?
3. Wie gefällt Ihnen die Kirche in London, die sich der Autor ausmalt? Wie würden Sie sie beschreiben?
4. Gibt es Übereinstimmungen zwischen dieser Kirche und Ihrer eigenen? Wo liegen Unterschiede?
5. Was hat Ihnen in diesem Kapitel am meisten weitergeholfen?

14

Ein langer Atem zahlt sich aus

Im Herbst des Jahres 2006 verbrachte ich ein Wochenende im englischen Salisbury und hatte den Samstag frei. Für mich stand fest: Ich wollte in die Kathedrale von Salisbury. Es war mein zweiter Besuch dort; zwei Jahre zuvor durfte ich an Erntedank die Predigt halten. Damals hatte ich von meiner Umgebung allerdings recht wenig wahrgenommen und das Ganze eher als dienstlichen Termin gesehen. Aber nun war ich zum reinen Vergnügen dort und genoss den Besuch.

Die Kathedrale in Salisbury ist eines der ältesten und historisch bedeutsamsten Kirchengebäude in Großbritannien. Hier liegt ein Original der Magna Charta, der Vereinbarungserklärung zwischen dem englischen König und dem Adel aus dem Jahr 1215 n. Chr. Sie ist gewissermaßen das erste verfassungsrechtliche Schriftstück des Vereinigten Königreichs. Ebenfalls ausgestellt ist der komplizierte Bauplan für die Kathedrale, deren Bauzeit mehr als vierzig Jahre betrug. Ich habe die komplexen Pläne gründlich studiert und dabei einige Geistesblitze gehabt.

Zunächst einmal überraschte mich, wieviel Planung und Absicht hinter dem Bauprojekt gesteckt haben muss. Man steht ja nicht einfach eines Morgens auf und überlegt sich: »Ich baue jetzt eine Kathedrale!« Da muss einiges zusammenkommen: eine Schar an Arbeitskräften, jede Menge Kapital und verschiedenste Baumaterialien. All dies geschah in einer Zeit, in der die Lebenserwartung nicht höher als fünfunddreißig lag. Das bedeutet, dass der Großteil der Arbeiter, die bei Baubeginn beteiligt waren, das fertige Bauwerk nicht miterlebt hat. Dasselbe gilt für den Architekten.

Kathedralen sind ja nicht einfach nur kunstfertige Gebäude. Sie sind gebaut, um die Zeit zu überdauern! Mehr als 750 Jahre nach ihrer Weihung durfte ich durch ihre Hallen wandern. Und noch immer herrschte hier Leben: Touristenströme ergossen sich in das Gebäude, ein Chor probte und erfüllte die Luft mit Klängen, eine geschäftige Kantine und ein Souvenirshop brachten überlebenswichtige Einnahmen ein. Die Kathedrale blickt auf eine lange und reiche Geschichte zurück. Was sich in diesen Mauern zugetragen hat, hat auf vielerlei Weise das Leben in der Gegend um Salisbury und der ganzen Nation beeinflusst. Die Kathedrale war Teil des politischen, sozialen und sogar auch wirtschaftlichen Lebens des Landes.

Ein paar Wochen später, es ging auf Weihnachten zu, stieß ich im Fernsehen auf die Übertragung der alljährlichen Adventsprozession »Darkness to Light« [Vom Dunkel ins Licht] aus der Kathedrale von Salisbury. Das Ereignis wird von erstklassiger Chormusik umrahmt und zieht Menschen aus der ganzen Welt an. Die Kirche ist bis auf den letzten Platz gefüllt und bringt Einwohner und Besucher gleichermaßen in Kontakt mit dem geistlichen Leben in diesem Gebäude. Ein Dreivierteljahrtausend später können wir noch immer im Schatten eines langfristigen Engagements anderer Leute leben, staunen und Gott begegnen.

Gott denkt und plant langfristig. Noch bevor die Welt erschaffen wurde, wusste Jesus schon um seine Aufgabe, für Sünden zu bezahlen, die wir erst noch begehen sollten. Die ganze Bibel ist ein Beweis für das zielgerichtete Handeln Gottes. Und was unsere persönliche Erneuerung betrifft: Gott geht geduldig Schritt für Schritt mit uns. Gott handelt immer zeitgerecht und rechtzeitig. Oder wie manch einer zu sagen pflegt: »Gott macht keine halben Sachen.«

Langfristiges und gründliches Denken ist nicht dasselbe wie Hinausschieben, auch wenn es manchmal den Anschein erweckt.

Diese Art zu denken fällt Evangelikalen nicht immer leicht. Der britische Historiker David Bebbington verwendet in seiner Definition der Evangelikalen nicht ohne Grund das Wort Aktivisten.[135] Wir wollen am liebsten, dass alles »sofort« geschieht. Der heilige Markus sollte unser Schutzpatron sein.

Positiver Aktivismus ist zwar wirklich wichtig, strategisches Handeln aber auch. Den meisten von uns fehlt die Geduld für das abgehobene Palaver von Akademikern und Philosophen. Wir sind des Redens müde. Die Kirche redet nun schon seit zweitausend Jahren! Das war schon mehr als genug! Was soll jetzt noch Neues kommen? Darin steckt eine Menge Wahrheit. Als christlicher Leiter habe auch ich meinen gebührenden Anteil zum »Reden« beigetragen. Aber Zeit wird nur dann »mit Reden vergeudet«, wenn man schon längst weiß, was zu tun ist. Der amerikanische Theologe Leon Hynson weist uns darauf hin, »sowohl einen ungeduldigen Aktivismus zu vermeiden, der jedem theologischen Inhalt entbehrt, als auch eine Theologie, die ausschließlich in den Seminarraum gehört«.[136]

Aktivismus ist unsere Antwort auf das akute Elend, was uns umgibt. Wir stürzen uns hinein und versuchen so viele Ertrinkende zu fassen zu kriegen, wie unsere Kräfte uns erlauben – aber damit haben wir noch keine Rettungsboote gebaut.

Aktivismus schüttet geistliches Adrenalin aus, entfacht unsere Leidenschaft und spricht die Spender an. Aber dauerhafte Veränderungen werden so nicht erreicht. Aktivismus bringt kurzfristige Linderung; strategisches Handeln bringt dauerhaften Wandel. Aktivismus verändert Menschen und ihre Lebensumstände; strategisches Handeln verändert Werte und letztendlich sogar Systeme.

Noch nicht einmal große geistliche Erweckungen können wohlüberlegtes langfristiges Denken ersetzen. Evangelikale legen großen Wert darauf, gemeinsam für die Regierungen und die Gesetzgeber zu beten. Das ist ein wichtiger Beitrag; wir haben den biblischen Auftrag, für die Obersten zu beten. Aber wir dürfen dabei nicht vergessen, dass die Gemeinden im Neuen Testament nicht allein Gerechtigkeit und Frieden im Sinn hatten, wenn sie für die Machthaber bei Gott eintraten. Ihre Gebete gingen weiter: Gerechte und friedliche Regierungen sollten zu einer Erneuerung der Gesellschaft führen.[137]

Wenn Gott zum Frühjahrsputz ansetzt, um nachfolgenden Generationen Grund zum Hoffen zu geben, gehören nicht selten Erweckungen dazu. Aber sie sind kein Ersatz für Strategien der Veränderung, die der Heilige Geist in unseren Herzen und Beziehungen reifen lässt.

Wenn ich an Erweckung denke, fällt mir oft ein Mann ein, der sich bei mir darüber beschwerte, dass ich für ihn gebetet hatte und der daraufhin im Krankenhaus gelandet war. Ich habe ihm erklärt, dass er ohne meine Gebete womöglich ganz woanders gelandet wäre! Erweckung ist dafür da, um uns ein wichtiges und großartiges »Update« zu verpassen. Es ist wie eine Stippvisite im Himmel, die uns daran erinnert, dass Gott noch immer das Beste für uns will. Wenn wir aber auf eine Erweckung warten, die in einem großen Rutsch die Gesellschaft erfasst und verändert, könnte es passieren, dass wir unsere Aufgabe völlig aus den Augen verlieren, mit Gottes Hilfe strategisch und gezielt auf eine Trendwende hinzuarbeiten.

Einige Beispiele dafür:

- Die Reformation war kein Wunder über Nacht. Sie war das Ergebnis einer ganzen Reihe von entscheidenden theologischen Überlegungen vieler europäischer Gelehrter. Von

George Whitefield sagt man, er sei ein besserer Prediger gewesen als Wesley. Aber Wesleys Methoden haben viel tiefgreifendere und nachhaltigere Auswirkungen auf die Weltgeschichte gehabt.

- Zu Beginn des vergangenen Jahrhunderts kam es zwischen 1903 und 1906 in Los Angeles zu einer großen Erweckung. Begeistert berichtete Frank Bartleman, der erste Historiker der Pfingstkirche, von ihrem Ergebnis: »Das Blut Jesu hat die Rassengrenzen hinweggewaschen!« Zur selben Zeit und in derselben Gegend verkündete der afroamerikanische Soziologe und Bürgerrechtler W. E. B. Du Bois, dass die größte Herausforderung, die auf Amerika im zwanzigsten Jahrhundert wartete, die Rassenfrage sei. Innerhalb kurzer Zeit war die Trennung zwischen Schwarz und Weiß in Los Angeles wieder intakt, und mehr als alles andere erschütterte der Rassismus die junge Erweckungsbewegung.

Fehlt das vom Heiligen Geist geführte weitsichtige Denken, dann können weder Evangelisationsbemühungen noch eine allgegenwärtige christliche Präsenz für die Erneuerung der Gesellschaft garantieren. Die Mitarbeiter einer Firma können allesamt Christen sein und untereinander eine lebendige Gemeinschaft pflegen, und trotzdem bleibt in der Art und Weise, wie das Geschäft geführt wird, alles beim Alten. Eine Ansammlung vieler einzelner Gläubigen genügt nicht. Erneuerung muss bewusst und gesteuert geschehen.

Dasselbe gilt für ganze Länder. In Uganda gehen 65 Prozent der Bevölkerung regelmäßig in die Kirche. Trotzdem ging 2005 bei einer wichtigen Bürgermeisterwahl in der Hauptstadt Kampala ein Muslim mit fragwürdigem Leumund als Sieger hervor. In Jamaika besuchen mehr als 65 Prozent der Bevölkerung jede Woche den Gottesdienst, und trotzdem gab es 2007 allein in den ersten fünf Januartagen 26 Tötungsdelikte.[138] Und das in einer »christlichen Nation« mit weniger als drei

Millionen Einwohnern – unter einem gläubigen Premierminister, der eifrig nach Strategien sucht, um den Problemen Jamaikas zu begegnen! Zu viele Orte auf der Welt weisen zugleich einen hohen Gottesdienstbesuch und ein erschreckendes Maß an sozialen, wirtschaftlichen und kulturellen Missständen auf – sei es Korruption, Unrecht oder Armut.

Evangelikale Christen, die es nach Transformation und Erneuerung dürstet, müssen sich also gemeinsam an vier Aufgaben machen: für eine Erweckung beten, das Evangelium verkündigen, sich aktiv für andere einsetzen und strategisch vorgehen.

Dabei müssen wir in unserer post-christlichen Kultur so herangehen, als wenn unser Teil der Welt nie christianisiert worden wäre. Wir müssen denken wie eine Minderheit – schließlich sind wir zu einer geworden. Wer sich bewusst ist, dass die Ausgangslage nicht besonders rosig ist, schreitet nur wohlüberlegt ans Werk. Wenn wir also der zunehmenden Säkularisierung oder einem sich aggressiv ausbreitenden Islam die Stirn bieten wollen, dann müssen wir viel darüber beten und uns gründlich Gedanken machen. Vielleicht wird ein Ergebnis gewissenhaften Nachdenkens sein, dass wir viel weniger gegen andere Leute zu beten brauchen.

Die Zeit ist gekommen, dass wir uns in prophetischen und gebetsorientierten Zusammenkünften an den Bau moderner Kathedralen machen. Damit meine ich gezielte Treffen, in denen wir Strategien ausarbeiten, um das Bildungssystem, die Wirtschaft, die Medien, die Kunstszene, die Politik, den Sport und die Technologieentwicklung zu beeinflussen – alles Bereiche, die unsere heutige Kultur überaus stark prägen. Genau das haben William Wilberforce und seine Mitstreiter getan. Ihnen war bewusst, dass sie die Werte der Menschen ändern mussten, wenn sie die Gesetzgebung beeinflussen wollten. Ihr Lebensziel war, dass es in Mode kommt, gutes Handeln an den

Tag zu legen. Und es brauchte dreißig Jahre harter Arbeit, bis 1807 der Sklavenhandel verboten wurde.

Strategisch zu denken und zu handeln ist jedoch aus einer ganzen Reihe von Gründen kein leichter Weg. Wenn wir darin Erfolg haben wollen, muss sich für uns Evangelikale einiges ändern.

- Wir müssen das rein selbstbezogene Denken ablegen und aufhören, uns nur um uns selbst zu drehen. Genau wie die Architekten der Kathedrale brauchen wir mehr Leute, die bereit sind, Fundamente zu legen, ohne die Fertigstellung des Gebäudes mitzuerleben. Tun wir es für die Kinder unserer Kinder!

- Wir brauchen in unseren Kirchen eine viel robustere Geisteshaltung, die sich ihrer Verantwortung gegenüber Land und Leuten bewusst ist. Wenn uns die Verbreitung eines militanten Islams innerhalb unserer freiheitlichen Demokratie Sorgen bereitet, dann sollten wir nicht auf Meinungsmache und aggressives Gebet dagegen setzen. Das wird uns nicht voran bringen. Was strategisches Denken angeht, sind uns Muslime bisher um einiges überlegen: Ihre Beteiligung an Politik und Wirtschaft geschieht viel systematischer, weil sie ein klares Ziel verfolgen, beispielsweise eine Veränderung im Bildungs- und Bankensystem. Unsere Strategie sollte aus nachhaltiger Liebe und fruchtbarem Dienst bestehen. Was würde geschehen, wenn jede Gemeinde sich vornimmt, bewusst für sämtliche Leute zu beten, die in der Lokalpolitik, Wohnbaugesellschaft, Jugendarbeit oder im Strafjustizsystem Verantwortung tragen?

- Wir sind uns höchstwahrscheinlich einig, dass das Bildungssystem, die Medien, die Wirtschaft, die Künste, die Politik und auch Technologie und Sport einen enormen Einfluss auf unsere Kultur ausüben. Was könnte man erreichen, wenn es in jedem Land ein strategisch ausgerichtetes und vom Gebet durchsetztes Forum gäbe, wo intensiv darüber nachgedacht wird, wie Christen in allen diesen Bereichen Veränderungen bewirken können? Wie man es schafft, dass in jedem Bereich gutes Handeln wieder in Mode kommt? In allen diesen Branchen sind bereits Christen tätig, nur bisher meist ohne die Unterstützung ihrer Heimatgemeinde. Sie sehen sich in ihrer Position in erster Linie als Arbeitskraft und nicht als Katalysator für Erneuerung. Wenn unsere Leute in diesen Bereichen schlecht ausgerüstet sind, um Impulse für Veränderung zu geben, wie wollen wir je einen Wandel in der Kultur bewerkstelligen?

- Auch unsere Geldgeber müssen wir zum Umdenken bringen. Christliche Stiftungen und private Förderer arbeiten – aus gutem Grund – nach kommerziellen Grundregeln: Sie geben ihr Geld dorthin, wo innerhalb kürzester Zeit Gewinn zu erwarten ist. Oder sie geben an Organisationen und Projekte, die einen hohen Bekanntheitsgrad aufweisen. Noahs Arche oder Wilberforces Langzeitkampagne hätten sie wahrscheinlich nicht unterstützt. Strategische Erneuerung bedeutet aber, sein Brot auch auf die Wasserfläche zu werfen.[139]

Die Erneuerung und Transformation war zwar Gottes Idee und sein Plan, aber er hat uns gebeten, unseren Teil dazu beizutragen. David Bebbington schreibt: »Der Blick auf ihre Geschichte könnte die Evangelikalen durchaus dazu bringen, die langsameren und weniger spektakulären Methoden zu bevorzugen, die in der Vergangenheit reiche Früchte getragen haben. Nur so kann das Evangelium auch in unserer Kultur wirklich Fuß fassen.«[140]

Die britische Evangelische Allianz stellte im September 2000 ihre Vision vor, ein Zusammenschluss vieler Kräfte zu werden, die als eine große Bewegung für Veränderung eintreten. Der Rat machte sich diese Vision zur Arbeitsgrundlage, und es kamen viele begeisterte Reaktionen von Mitgliedern der Allianz. Eine davon stach heraus: Sie stammte von einer ganzen Familie. Der kurze Brief lautete:

Lieber Joel Edwards und alle, die bei der Evangelischen Allianz arbeiten,

wir wollten Euch auf diesem Weg eine persönliche Notiz zukommen lassen, wie sehr es uns ermutigt hat, dass die Evangelische Allianz in Zukunft eine »Bewegung für Veränderung« werden will. Wir sind stolz darauf, zu dieser Organisation zu gehören.

Habt vielen Dank für Eure harte Arbeit und Euer Engagement. Wir freuen uns schon auf die nächsten Neuigkeiten von Euch.

Die besten Segenswünsche
von Tim und Rachel Jones,
und auch im Namen unserer Kinder
Hannah (6, fast 7), Samuel (5), Bethany (3)

Ich denke oft an diese Familie, wenn ich die Kathedrale vor Augen habe, an der wir alle gemeinsam bauen.

Fragen zum Nachdenken und Diskutieren

1. Die Kathedrale von Salisbury ist ein gutes Vorbild für langfristiges Denken. Welche anderen Beispiele fallen Ihnen ein? Der Autor äußert die Beobachtung, Evangelikale seien eher Aktivisten als langfristige und strategische Planer. Hat er Ihrer Meinung nach Recht? Wenn ja, warum? Wenn nein, warum nicht?

2. Der Autor schreibt: »Zu viele Orte auf der Welt weisen zugleich einen hohen Gottesdienstbesuch und ein erschreckendes Maß an sozialen, wirtschaftlichen und kulturellen Missständen auf – sei es Korruption, Unrecht oder Armut.« Wie beurteilen Sie diese Einschätzung? Fallen Ihnen Beispiele ein? Wie kommt es zu diesem Zustand?

3. Im Kapitel werden vier Voraussetzungen für eine Erneuerung genannt: 1) für eine Erweckung beten, 2) das Evangelium verkündigen, 3) sich aktiv für andere einsetzen, 4) strategisch vorgehen. Welche davon fällt Ihnen am leichtesten? Welche am schwersten? Wie sieht es in Ihrer Gemeinde mit der Umsetzung aus?

4. Welche Aussagen werden über Muslime getroffen? Was können wir von ihnen lernen? Besteht Handlungsbedarf für die christlichen Kirchen in Bezug auf den Islam?

5. Wie hat die Lektüre dieses Buches Ihr Denken verändert? Was wollen Sie mit dem neuen Wissen in Angriff nehmen?

Zum Autor

Joel Edwards ist Internationaler Direktor der *Micah Challenge* (in Deutschland: Micha-Initiative, in der Schweiz: Stop Armut 2015) und leitete mehr als zehn Jahre lang die britische Evangelische Allianz. Er ist ordinierter Pastor einer großen afro-karibischen Denomination und promovierter Theologe, Ehren-Domkapitular der St. Paul's Cathedral in London und wurde u. a. mit der Ehrendoktorwürde der Universität St. Andrews, Schottland, ausgezeichnet.

Edwards ist leidenschaftlicher Befürworter von Einheit und Vielfalt innerhalb der Kirche. Weil er davon überzeugt ist, dass die Kirche in allen Lebensbereichen einen relevanten Beitrag leisten kann, wirkt er in einer Reihe von kirchlichen, staatlichen und öffentlichen Gremien mit, zeitweilig auch als Vorsitzender des britischen Netzwerks »Kirche und Medien«. Eins seiner Ziele ist eine nachhaltige Linderung der Armut auf der Welt.

Joel Edwards ist verheiratet mit Carol und Vater von zwei erwachsenen Kindern. Er lebt in London und ist als Redner immer wieder auch im deutschsprachigen Raum unterwegs.

Anmerkungen

1 Cees Verharen, »Europe, a Riddle Wrapped in an Enigma« [Europa – ein Rätsel, verpackt in ein Mysterium], *Connections* Bd. 3, Nr. 3, Oktober 2004, S. 28–40.

2 In einer Rede an katholische Kirchenoberhäupter aus dem Jahr 2004.

3 »Tide is Running Out« [Immer schwächere Flutwellen], Pressemeldung von Peter Brierley, dem Direktor des britischen Forschungsinstituts *Christian Research Institute* (CRA). Brierley ist der führende christliche Statistiker in Großbritannien.

4 1. Korinther 3,11.

5 1. Chronik 12,33.

6 2. Timotheus 3,5.

7 Matthäus 3,17; Römer 1,4.

8 Lukas 2,49.

9 Matthäus 16,13+16.

10 Johannes 1,29+36.

11 Matthäus 3,17.

12 Apostelgeschichte 2,22+36; Römer 1,4.

13 Matthäus 16,21–23.

14 An vielen Stellen in der Bibel kommt Paulus' Anliegen zum Ausdruck. In dieser Hinsicht lohnenswert sind zum Beispiel Römer 1,1–4; Philipper 2,5–11; Kolosser 1,15–20.

15 D. A. Carson, *When Jesus Confronts the World* [Wenn Jesus der Welt die Stirn bietet] (Grand Rapids, Michigan: Baker, 1987), S. 59.

16 Apostelgeschichte 4,12.

17 Einen guten Überblick über diese Fragen bietet N. T. Wright, *Who Was Jesus?* [Wer war Jesus?] (Grand Rapids, Michigan: Eerdmans, 1993).

18 Zum Beispiel: N. T. Wright, *Jesus and the Victory of God* [Jesus und der Sieg Gottes]; Philip Yancey, *The Lost Message of Jesus* [Die verlorengegangene Botschaft von Jesus]; Steve Chalke, *Ungeschriebene Gesetze. Und was Jesus wirklich gesagt hat*; Brian McLaren, *Die geheime Botschaft von Jesus: Die Wahrheit, die alles verändern könnte*; Rob Bell, *Velvet Elvis – ein neues Bild des Glaubens malen.*

19 Matthäus 1,1.

20 Johannes 1,1–14.

21 Johannes 1,1; 8,58; 12,44f.

22 Apostelgeschichte 7,1–53; Hebräer 8–10.

23 Jack Straw, britischer Außenminister unter Tony Blair, schaffte es damit am 6. Oktober 2006 auf die Titelseite des *Guardian* und des

Daily Telegraph. Fast zwei Wochen lang schaukelte sich daraufhin die Debatte über Kopftücher in der Presse hoch.

24 Jonathan Sacks, *Wie wir den Krieg der Kulturen noch vermeiden können* (Gütersloh: Gütersloher Verlagshaus, 2007), S. 77f.

25 Johannes 14.

26 Apostelgeschichte 4,8–12; Kolosser 1,15–20; Hebräer 1,1–4.

27 1. Korinther 1,23.

28 Aus Mike Talbots Ansprache »Christus glaubwürdig verkündigen« während der Ratsversammlung der britischen Evangelischen Allianz im September 2005.

29 1. Petrus 3,15–16.

30 Lukas 2,49.

31 Markus 1,11–13.

32 Markus 1,24–25. Das Markusevangelium ist bekannt dafür, die messianische Identität Jesu fast wie ein Geheimnis zu behandeln.

33 Brian McLaren, *Die geheime Botschaft von Jesus: Die Wahrheit, die alles verändern könnte* (Asslar: Gerth Medien, 2007).

34 Apostelgeschichte 19,37.

35 Aus Chris Wrights Ansprache »Wie ›evangelikal‹ wieder Gute Nachricht wird: Eine biblische Betrachtung« anlässlich der Ratsversammlung der britischen Evangelischen Allianz im September 2005.

36 Lukas 4,18.

37 Matthäus 23,23.

38 Matthäus 1,18–21; Johannes 1,14–18.

39 Markus 16,17.

40 Vgl. Peter Masters, *The Healing Epidemic* [Die Heilungsepidemie] (London: Wakeman Trust, 1988).

41 Martyn Lloyd-Jones etwa hat gegen das Ende von Wundern mit dem Tod der Apostel argumentiert: »Es ist ein unabdingbarer Teil unserer Überzeugung, dass wir an eine übernatürliche Realität und einen spirituellen Kampf glauben.« *What is an Evangelical?* [Was ist ein evangelikaler Christ?] (London: Banner of Truth Trust, 1992), S. 81.

42 Vgl. Andrew Walker, *Restoring the Kingdom* [Gottes Reich wieder herstellen] (London: Hodder and Stoughton, 1988).

43 Euston-Erklärung der britischen Evangelischen Allianz vom Dezember 1994.

44 2. Könige 13,14.

45 Vgl. Colin Whittaker, *Seven Pentecostal Pioneers* [Sieben Pioniere der Pfingstbewegung] (Springfield: Gospel Publishing House, 1985).

46 1. Korinther 2,1–16.

47 Apostelgeschichte 2,22.

48 Apostelgeschichte 2,14ff.

49 Er hielt seine Rede »Forum for Change« [Forum für Veränderung] am 6. Januar 2006 in der Regents Hall in London.

50 Die »Transformation«-Bewegung entstand in den 1990ern und erlebte durch die Kraft des Gebets an verschiedenen Orten beeindru ckende Veränderungen im sozialen und gesellschaftlichen Gefüge. Daraus entstand die Videoreihe »Transformation – Gebet verändert Städte«.

51 Richard Fletcher, *The Conversion of Europe* [Die Bekehrung Europas] (New York: HarperCollins, 1997), S. 45.

52 1. Johannes 4,18.

53 Vgl. Mike Riddell, *Threshold of the Future* [Auf der Schwelle zur Zukunft] (London: SPCK, 1998), S. 82.

54 Lukas 2,46f.

55 Markus 15,34.

56 Jona 4,11; Nahum 3,19.

57 Vgl. Joel Hunter, *Right Wing, Wrong Bird* [Rechter Flügel, falscher Vogel] (Longwood: Distributed Church Press), S. 111.

58 Rob Bell, *Velvet Elvis – ein neues Bild des Glaubens malen* (Gießen: Brunnen, [2]2007), S. 8.

59 Ich traf Palau am 10. September 2006 in London.

60 Ich habe hierfür einen grundlegenden Ansatz vorgelegt, der auf Weiterentwicklung wartet! Vgl. *Hope, Respect and Trust* [Hoffnung, Respekt und Vertrauen] (Authentic Media, 2004).

61 Vgl. Anna Robbins Aufsatz »Culture War« [Der Kulturkrieg], in: *Movement for Change* [Eine Bewegung für Veränderung], hg. von David Hilborn (London: Paternoster Press, 2004).

62 Apostelgeschichte 26,28.

63 Aus einem Interview mit Stuart Murray-Williams am 27. Juli 2006. Empfehlenswert sind auch seine Bücher *Post-Christendom* [Nach dem Christentum] (Authentic Media, 2004) und *Church after Christendom* [Die Kirche nach dem Christentum] (Paternoster Press, 2005).

64 Johannes 19,5.

65 Antrittsrede im York Minster am 30. November 2005.

66 Interview mit Bertil Ekström, dem Vorsitzenden der Missionskommission der Weltweiten Evangelischen Allianz, bei der Generalversammlung der *Association of Evangelicals in Africa* (AEA) in Entebbe, Uganda, am 21. November 2006.

67 Rob Bell, *Velvet Elvis*, S. 58.

68 Interview mit Dr. Tom Wright in Newcastle am 26. Juli 2006.

69 Dr. Daniella Augustine aus Kroatien brachte den Teilnehmern des Internationalen Symposium der Pfingstgemeinden im August 2003 in Stuttgart diesen Aspekt sehr eindrücklich nahe.

70 Interview mit Luis Palau am 10. September 2006 in London.

71 Interview mit Bertil Ekström am 21. November 2006.

72 Interview mit Ndaba Mazabane am 3. Dezember 2006 in Israel. Mazabane ist der Präsident der *Association of Evangelicals in Africa* (AEA) und stellvertretender Vorsitzender der Weltweiten Evangelischen Allianz.

73 Roy Hattersley, »Faith Does Breed Charity« [Glaube bringt doch Wohltätigkeit hervor], *Guardian* vom 12. September 2005.

74 Ian Randall, *For Such a Time* [Um dieser Zeit willen] (Milton Keynes: Scripture Union, 1996), S. 172.

75 Markus 9,38–41.

76 Brian McLaren, *Die geheime Botschaft von Jesus*, S. 200.

77 Jesaja 58,6–10; Micha 6,8; Jakobus 1,27.

78 Vgl. Jim Wallis, *Wer, wenn nicht wir! Streitbare Visionen für eine gerechte Politik* (Moers: Brendow, 2007); Joel Hunter, *Right Wing, Wrong Bird* [Rechter Flügel, falscher Vogel], und Tom Sine, *Cease Fire* [Waffenruhe] (Grand Rapids, Michigan: Eerdmans, 1996). Die Autoren beleuchten diese Frage jeweils im US-amerikanischen Kontext.

79 »Case for Support«, Weltweite Evangelische Allianz, 2006.

80 David Bebbington, *Evangelicalism in Modern Britain: A History from the 1730s to the 1980s* [Das evangelikale Christentum im neuzeitlichen Großbritannien: Eine Darstellung von 1730 bis 1980] (Grand Rapids: Baker, 1992).

81 John Stott, *Evangelical Truth* [Die Wahrheit der evangelikalen Kirchen] (Downers Grove: InterVarsity Press, 2005).

82 Im Original »Red Letter Christians«. Aus dem Schriftverkehr mit Tony Campolo vom 6. Juli 2006.

83 Interview mit Stuart Murray-Williams am 27. Juli 2006.

84 Aus dem Schriftverkehr mit Dr. Peter Jenson vom 30. Juni 2006.

85 Diese Zahlen wurden bei der 9. Generalversammlung der AEA vom 20.–25. November 2006 in Entebbe, Uganda, genannt.

86 Siehe »Case for Support« der Weltweiten Evangelischen Allianz aus dem Jahr 2006.

87 Philip Yancey, »A Quirky and Vibrant Mosaic« [Ein schnörkeliges und lebhaftes Mosaik], in: *Christianity Today*, Juni 2005.

88 »Who Qualifies as an Evangelical?« [Wer zählt zu den Evangelikalen?], 18. Januar 2007, http://www.barna.org/barna-update/

article/13-culture/111-survey-explores-who-qualifies-as-an-evangelical?q=qualifies+evangelical, aufgerufen am 4.6.2010.

89 Sowohl der britische Professor für Theologie, Alistair McGrath, als auch Dr. Tom Wright haben diese Tatsache in meinen Interviews mit ihnen sehr betont.

90 Interview mit Stephen Holmes am 7. Juli 2006.

91 Zahlen zitiert aus Philip Yanceys »A Quirky and Vibrant Mosaic«.

92 Auch Alistair McGrath äußerte im Interview vom 27. Juli 2006 Zweifel, dass die Bezeichnung »Red Letter Christians« [Rote-Schrift-Christen] Fuß fassen würde.

93 Interview mit Geoff Tunnicliffe im israelischen Yad Hashmona am 2. Dezember 2006.

94 Interview mit dem Generalsekretär der Evangelischen Allianz in Sambia, Paul Masu, in Washington, D. C., im Juni 2006.

95 Interview mit Bertil Ekström vom 21. November 2006.

96 Vgl. Clifford Longley, *Chosen People* [Ein auserwähltes Volk] (London: Hodder and Stoughton, 2003).

97 Vgl. Graham Dale, *God's Politicians* [Gottes Politiker] (London: Harper Collins, 2001), S. 29f.

98 Apostelgeschichte 11,26; 26,28.

99 Martin Lloyd-Jones, *What is an Evangelical?* [Was ist ein evangelikaler Christ?], S.53.

100 Im Sommer 1999 veröffentlichten Gelehrte aus dem gesamten evangelikalen Spektrum die Bekenntnisschrift *An Evangelical Celebration* [Evangelikale Identität feiern], um die biblische Identität der Evangelikalen zu fördern. Dieser Schritt ist ein Anzeichen dafür, dass manche Überzeugungen in der evangelikalen Landschaft nicht mehr vorausgesetzt werden können.

101 Interview mit Tom Wright am 26. Juli 2006.

102 Predigt von Simon Manchester, »Announcing the Receiver« [Die Ankunft des Empfängers] über Matthäus 25,31–46 in der Londoner Kirche »St. Helen's Bishopsgate«, 2. Juli 2006.

103 Aus dem *Daily Telegraph* vom 17. Januar 2007.

104 Aus Dr. Chris Wrights Ansprache »Wie ›evangelikal‹ wieder Gute Nachricht wird: Eine biblische Betrachtung« anlässlich der Ratsversammlung der britischen Evangelischen Allianz im September 2005.

105 John Stotts Buch *Issues Facing Christians Today* (1984) (dt. *Christsein in den Brennpunkten unserer Zeit,* vier Bände, Marburg: Verlag der Francke-Buchhandlung, 1987/1988) war für diese Thematik bahnbrechend und wegweisend. 2006 erschien bei Zondervan eine vierte Auflage.

106 Mose, Josef, Daniel und Esther lebten in Palästen, ohne ihre Glaubensüberzeugungen zu verraten. Aber auf jeden von ihnen wartete ein eigener Kampf und eine große Aufgabe.

107 Matthäus 10,16.

108 Philip Yancey, »A Quirky and Vibrant Mosaic« [Ein schnörkeliges und lebhaftes Mosaik], in: *Christianity Today*, Juni 2005.

109 Johannes 17.

110 Epheser 4,1–6.

111 Johannes 17,6–8.

112 Markus 1,15.

113 Apostelgeschichte 1,1–3.

114 John Fischer, »Learning to Cry for the Culture« [Wie man lernt, um die Gesellschaft zu weinen], in: *Christianity Today*, April 2007.

115 Markus 1,1.

116 Interview mit Alistair McGrath am 27. Juli 2006.

117 John Wolffe, »Historical Models of Evangelical Social Transformation« [Historische Modelle evangelikaler Sozialtransformation], in: *Movement for Change* [Eine Bewegung für den Wandel] (London: Paternoster Press, 2004), S. 36. Vgl. auch Clifford Hill, *The Wilberforce Connection* [Die Wilberforce-Initiative] (Oxford: Monarch Books, 2004), S. 148.

118 Leon Hynson, »The Church and Social Transformation: An Ethics of the Spirit« [Die Kirche und soziale Erneuerung: Eine Ethik des Heiligen Geistes], *Wesleyan Theological Journal* Bd. 11 Nr. 1, Frühjahr 1976.

119 Mike Morris, der ehemalige Geschäftsführer der britischen Evangelischen Allianz, äußerte diesen Satz 2005 in einer Unterhaltung. Wir haben ihn in unsere Strategie aufgenommen.

120 2. Korinther 5,20.

121 Jim Wallis, *God's Politics. Why the Right Gets It Wrong and the Left Doensn't Get It* (San Francisco: HarperCollins, 2005; dt. *Wer, wenn nicht wir. Streitbare Visionen für eine gerechte Politik*. Moers: Brendow, 2007), S. 7.

122 Unter anderem Kathleen Heasmann, *Evangelicals in Action* [Evangelikale in Aktion] (London: G. Bles, 1962), und Clifford Hill, *The Wilberforce Connection*, S. 184, haben gezielt darauf hingewiesen.

123 Michael Horowitz, »How to Win Friends and Influence Culture« [Wie man Freunde gewinnt und die Kultur beeinflusst], www.helpinghandskorea.org/in_the_media/articles/how_to_win_friends.htm.

124 Micha 6,8 ist das biblische Motto für die Micha-Initiative. Wagen Sie ruhig einen Blick auf die Webseiten (www.micha-initiative.de, www.stoparmut2015.ch) und unterzeichnen Sie den Aufruf!

125 Matthäus 28,19–20; Apostelgeschichte 1,8.

126 Miroslav Volf, »Soft Difference: Theological Reflections on the Relationship Between Church and Culture in 1 Peter« [Der kleine Unterschied: Theol. Betrachtungen zur Beziehung zwischen Kirche und Kultur in 1. Petrus], in: *Not Evangelical Enough* [Nicht evangelikal genug], hg. von Iain Taylor (London: Authentic Media, 2003) S. 55.

127 Apostelgeschichte 22,23–29.

128 Daniel 6,5f.

129 Johannes 19,12.

130 *New International Dictionary of the Christian Church* [Neues Internationales Wörterbuch der Christlichen Kirche], hg. von J. D. Douglas (London: Paternoster Press, 1974), S. 747.

131 Charles Colson, *How Now Shall We Live?* [Und wie sollen wir leben?] (Wheaton, Illinois: Tyndale, 1999), S. 33.

132 Martin Robinson und Dwight Smith, *Invading Secular Space* [Mutig in weltliche Bereiche vordringen] (Grand Rapids, Michigan: Kregel, 2004) S. 73.

133 Jim Wallis, *Wer, wenn nicht wir! Streitbare Visionen für eine gerechte Politik* (Moers: Brendow, 2007), S. 12.

134 Interview mit Nicholas Kristof, geführt von Collin Hansen, »Nicholas Kristof on Evangelicals, China, and Human Rights« [Nicholas Kristof spricht über Evangelikale, China und Menschenrechte], www.christianitytoday.com/ct/2006/september/17.23.html. Der Titel des von der NAE veröffentlichten Aufrufs lautete: *Evangelical Call to Civic Responsibility* [Aufruf zu bürgerlicher Verantwortung unter Evangelikalen].

135 In seinem berühmten Buch *Evangelicalism in Modern Britain: A History from the 1730s to the 1980s* [Die Geschichte des Evangelikalismus in Großbritannien von 1730 bis 1980] definiert David Bebbington die evangelikale Identität als bibelzentriert, auf das Kreuz zentriert, bekehrungszentriert und sozial engagiert.

136 Leon Hynson, »The Church and Social Transformation: An Ethics of the Spirit« [Die Kirche und die soziale Transformation: Eine Ethik des Geistes«, in: *Wesleyan Theological Journal* Bd. 11, Nr. 1, Frühjahr 1976.

137 1. Timotheus 2,1–4.

138 Angaben laut *Weekly Gleaner*, Januar 2007. Auf die Einwohnerzahl Londons umgerechnet entspräche das vierzig Tötungsdelikten in vier Tagen.

139 Prediger 11,1.

140 David Bebbington, »Evangelicals, Theology and Social Transformation« [Die Evangelikalen, ihre Theologie und soziale Transformation], in: *Movement for Change* [Eine Bewegung für Veränderung] (London: Paternoster Press, 2004), S. 19.